反不正当竞争与反垄断执法简明实用手册

《反不正当竞争与反垄断执法简明实用手册》编写组◎编

中国法治出版社
CHINA LEGAL PUBLISHING HOUSE

编写说明

INTRODUCTION

反不正当竞争法和反垄断法是竞争领域的基础性、专门性法律。为便于广大读者学习反不正当竞争与反垄断基础规定及执法程序，结合法条内容及阅读习惯，我们全新打造了《反不正当竞争与反垄断执法简明实用手册》一书。

本书秉承编排科学、新颖、实用的特点，在确保法律文本准确的基础上，以《中华人民共和国反不正当竞争法》《中华人民共和国反垄断法》为基础，整理不正当竞争行为和垄断行为的行为类型、法律责任、执法程序及公平竞争审查要求等，编排合理，体例清晰，辅以直观图表解析复杂法条，将抽象规定转化为具象呈现，极大降低学习难度，提升学习效率。

由于编者水平有限，不足之处敬请广大读者批评指正。读者可登录中国法治出版社网站https://www.zgfzs.com/或者关注微信公众号"中国法治出版社"获取更多新书资讯。

本书编写组

目录

第一编　反不正当竞争执法

第一章　不正当竞争行为及其法律责任……4
　第一节　混淆行为……4
　第二节　商业贿赂……10
　第三节　虚假宣传……11
　第四节　侵犯商业秘密……17
　第五节　不当有奖销售……28
　第六节　商业诋毁……32
　第七节　网络不正当竞争行为……33
　第八节　低于成本价销售……35
　第九节　大型企业滥用优势地位……36
　第十节　法律责任综合规定……36
第二章　对涉嫌不正当竞争行为的调查……40

第二编　反垄断执法

第一章　垄断行为及其法律责任……46
　第一节　垄断协议……46
　　一、行为类型……46
　　二、法律责任……56

第二节　滥用市场支配地位 ································ 58
　一、行为类型 ··· 58
　二、法律责任 ··· 71
第三节　经营者集中 ····································· 72
　一、行为类型 ··· 72
　二、法律责任 ··· 78
第四节　滥用行政权力排除、限制竞争 ······· 79
　一、行为类型 ··· 79
　二、法律责任 ··· 85
第五节　相关市场的范围 ····························· 86
第六节　法律责任综合规定 ·························· 94
第七节　不适用《反垄断法》的情形 ············· 95
第二章　对涉嫌垄断行为的调查及处理 ······· 96
第一节　反垄断调查程序 ····························· 96
第二节　经营者承诺制度 ··························· 114
第三节　横向垄断协议案件宽大制度 ········· 121

第三编　公平竞争审查

第一章　审查标准 ······································· 134
　第一节　关于限制市场准入和退出的审查
　　　　标准 ·· 134
　第二节　关于限制商品、要素自由流动的
　　　　审查标准 ····································· 137
　第三节　关于影响生产经营成本的审查
　　　　标准 ·· 141
　第四节　关于影响生产经营行为的审查
　　　　标准 ·· 144
　第五节　关于审查标准的其他规定 ········· 146
第二章　审查机制和审查程序 ····················· 149
第三章　监督保障 ······································· 154

第一编

反不正当竞争执法

反不正当竞争与反垄断执法
简明实用手册

```
                                                    ┌─ 由监督检查部门责令停止违法行为，没收违法
                                                    │  商品
                                     ┌─ 混淆行为 ──┤
                                     │              └─ 违法经营额 5 万元以上的，可以并处违法经营
                                     │                 额 5 倍以下的罚款
                                     │
                                     │              ┌─ 由监督检查部门没收违法所得，处 10 万元以
                                     │              │  上 100 万元以下的罚款
                                     ├─ 商业贿赂 ──┤
                                     │              └─ 经营者的法定代表人、主要负责人和直接责任
                                     │                 人员对实施贿赂负有个人责任，以及有关个人
                                     │                 收受贿赂的
                                     │
                                     │              ┌─ 由监督检查部门责令停止违法行为，处 100 万
                                     │              │  元以下的罚款
                                     ├─ 虚假宣传 ──┤
                                     │              └─ 属于发布虚假广告的，依照《广告法》的规定
                                     │                 处罚
                  不                 │
                  正                 ├─ 侵犯商业秘密 ── 由监督检查部门责令停止违法行为，没收违法
                  当                 │                   所得，处 10 万元以上 100 万元以下的罚款
                  竞                 │
                  争                 ├─ 不当有奖销售 ── 由监督检查部门责令停止违法行为，处 5 万元
                  行                 │                   以上 50 万元以下的罚款
                  为                 │
                                     ├─ 商业诋毁 ──── 由监督检查部门责令停止违法行为、消除影响，
                                     │                 处 10 万元以上 100 万元以下的罚款
                                     │
                                     ├─ 网络不正当竞争行为 ── 由监督检查部门责令停止违法行为，处 10 万
                                     │                          元以上 100 万元以下的罚款
                                     │
                                     ├─ 低于成本价销售 ── 由监督检查部门责令停止违法行为，处 5 万元
                                     │                     以上 50 万元以下的罚款
                                     │
                                     └─ 大型企业滥用优势地位 ── 由省级以上人民政府监督检查部门责令限期改
                                                                 正，逾期不改正的，处 100 万元以下的罚款
```

> 因不正当竞争行为受到损害的经营者的赔偿数额，按照其因被侵权所受到的实际损失或者侵权人因侵权所获得的利益确定。赔偿数额还应当包括经营者为制止侵权行为所支付的合理开支

第一编 反不正当竞争执法 / 3

```
                                          ┌──────────────────────┐
                                          │   销售违法商品责任相同   │
                                          └──────────▲───────────┘
                                                     │
┌────────────────────────────────────┐   ┌──────────┴───────────┐
│ 没有违法经营额或者违法经营额不足 5   │   │ 情节严重的，并处吊销营业执照 │
│ 万元的，可以并处 25 万元以下的罚款   │   └──────────────────────┘
└────────────────────────────────────┘

┌────────────────────────────────────┐
│ 情节严重的，处 100 万元以上 500 万元 │
│ 以下的罚款，可以并处吊销营业执照     │
└────────────────────────────────────┘

┌────────────────────────────────────┐
│ 由监督检查部门没收违法所得，处 100   │
│ 万元以下的罚款                      │
└────────────────────────────────────┘

┌────────────────────────────────────┐
│ 情节严重的，处 100 万元以上 200 万元 │
│ 以下的罚款，可以并处吊销营业执照     │
└────────────────────────────────────┘
                                          ┌──────────────────────────────┐
                                          │ 权利人因被侵权所受到的实际损失、│
                                          │ 侵权人因侵权所获得的利益难以确 │
┌────────────────────────────────────┐    │ 定的，由人民法院根据侵权行为的 │
│ 情节严重的，处 100 万元以上 500 万元 │    │ 情节判决给予权利人 500 万元以下 │
│ 以下的罚款                          │    │ 的赔偿                         │
└────────────────────────────────────┘    └──────────────────────────────┘


┌────────────────────────────────────┐
│ 情节严重的，处 100 万元以上 500 万元 │
│ 以下的罚款                          │
└────────────────────────────────────┘

┌────────────────────────────────────┐
│ 情节严重的，处 100 万元以上 500 万元 │
│ 以下的罚款                          │
└────────────────────────────────────┘

┌────────────────────────────────────┐
│ 情节严重的，处 50 万元以上 200 万元  │
│ 以下的罚款                          │
└────────────────────────────────────┘

┌────────────────────────────────────┐
│ 情节严重的，处 100 万元以上 500 万元 │
│ 以下的罚款                          │
└────────────────────────────────────┘
```

第一章　不正当竞争行为及其法律责任

第一节　混淆行为

《反不正当竞争法》[1]

第七条　经营者不得实施下列混淆行为，引人误认为是他人商品或者与他人存在特定联系：

（一）擅自使用与他人有一定影响的商品名称、包装、装潢等相同或者近似的标识；

（二）擅自使用他人有一定影响的名称（包括简称、字号等）、姓名（包括笔名、艺名、网名、译名等）；

（三）擅自使用他人有一定影响的域名主体部分、网站名称、网页、新媒体账号名称、应用程序名称或者图标等；

（四）其他足以引人误认为是他人商品或者与他人存在特

---

[1]　《中华人民共和国反不正当竞争法》（本书简称《反不正当竞争法》），1993年9月2日第八届全国人民代表大会常务委员会第三次会议通过，2017年11月4日第十二届全国人民代表大会常务委员会第三十次会议第一次修订，根据2019年4月23日第十三届全国人民代表大会常务委员会第十次会议《关于修改〈中华人民共和国建筑法〉等八部法律的决定》修正，2025年6月27日第十四届全国人民代表大会常务委员会第十六次会议第二次修订，2025年6月27日中华人民共和国主席令第50号公布，自2025年10月15日起施行。

定联系的混淆行为。

擅自将他人注册商标、未注册的驰名商标作为企业名称中的字号使用，或者将他人商品名称、企业名称（包括简称、字号等）、注册商标、未注册的驰名商标等设置为搜索关键词，引人误认为是他人商品或者与他人存在特定联系的，属于前款规定的混淆行为。

经营者不得帮助他人实施混淆行为。

第二十三条 经营者违反本法第七条规定实施混淆行为或者帮助他人实施混淆行为的，由监督检查部门责令停止违法行为，没收违法商品。违法经营额五万元以上的，可以并处违法经营额五倍以下的罚款；没有违法经营额或者违法经营额不足五万元的，可以并处二十五万元以下的罚款；情节严重的，并处吊销营业执照。

销售本法第七条规定的违法商品的，依照前款规定予以处罚；销售者不知道其销售的商品属于违法商品，能证明该商品是自己合法取得并说明提供者的，由监督检查部门责令停止销售，不予行政处罚。

经营者登记的名称违反本法第七条规定的，应当及时办理名称变更登记；名称变更前，由登记机关以统一社会信用代码代替其名称。

> 《最高人民法院关于适用〈中华人民共和国反不正当竞争法〉若干问题的解释》[1]

第四条 具有一定的市场知名度并具有区别商品来源的显著特征的标识，人民法院可以认定为反不正当竞争法第六条规定的"有一定影响的"标识。

人民法院认定反不正当竞争法第六条规定的标识是否具有一定的市场知名度，应当综合考虑中国境内相关公众的知悉程度，商品销售的时间、区域、数额和对象，宣传的持续时间、程度和地域范围，标识受保护的情况等因素。

第五条 反不正当竞争法第六条规定的标识有下列情形之一的，人民法院应当认定其不具有区别商品来源的显著特征：

（一）商品的通用名称、图形、型号；

（二）仅直接表示商品的质量、主要原料、功能、用途、重量、数量及其他特点的标识；

（三）仅由商品自身的性质产生的形状，为获得技术效果而需有的商品形状以及使商品具有实质性价值的形状；

---

[1] 2022年1月29日最高人民法院审判委员会第1862次会议通过，2022年3月16日最高人民法院公告公布，自2022年3月20日起施行。

（四）其他缺乏显著特征的标识。

前款第一项、第二项、第四项规定的标识经过使用取得显著特征，并具有一定的市场知名度，当事人请求依据反不正当竞争法第六条规定予以保护的，人民法院应予支持。

第六条 因客观描述、说明商品而正当使用下列标识，当事人主张属于反不正当竞争法第六条规定的情形的，人民法院不予支持：

（一）含有本商品的通用名称、图形、型号；

（二）直接表示商品的质量、主要原料、功能、用途、重量、数量以及其他特点；

（三）含有地名。

第七条 反不正当竞争法第六条规定的标识或者其显著识别部分属于商标法第十条第一款规定的不得作为商标使用的标志，当事人请求依据反不正当竞争法第六条规定予以保护的，人民法院不予支持。

第八条 由经营者营业场所的装饰、营业用具的式样、营业人员的服饰等构成的具有独特风格的整体营业形象，人民法院可以认定为反不正当竞争法第六条第一项规定的"装潢"。

第九条 市场主体登记管理部门依法登记的企业名称，以及在中国境内进行商业使用的境外企业名称，人民法院可以认定为反不正当竞争法第六条第二项规定的"企业名称"。

有一定影响的个体工商户、农民专业合作社（联合社）以及法律、行政法规规定的其他市场主体的名称（包括简称、字号等），人民法院可以依照反不正当竞争法第六条第二项予以认定。

第十条 在中国境内将有一定影响的标识用于商品、商品包装或者容器以及商品交易文书上，或者广告宣传、展览以及其他商业活动中，用于识别商品来源的行为，人民法院可以认定为反不正当竞争法第六条规定的"使用"。

第十一条 经营者擅自使用与他人有一定影响的企业名称（包括简称、字号等）、社会组织名称（包括简称等）、姓名（包括笔名、艺名、译名等）、域名主体部分、网站名称、网页等近似的标识，引人误认为是他人商品或者与他人存在特定联系，当事人主张属于反不正当竞争法第六条第二项、第三项规定的情形的，人民法院应予支持。

第十二条 人民法院认定与反不正当竞争法第六条规定的"有一定影响的"标识相同或者近似，可以参照商标相同或者近似的判断原则和方法。

反不正当竞争法第六条规定的"引人误认为是他人商品或者与他人存在特定联系"，包括误认为与他人具有商业联合、许可使用、商业冠名、广告代言等特定联系。

在相同商品上使用相同或者视觉上基本无差别的商品名

称、包装、装潢等标识，应当视为足以造成与他人有一定影响的标识相混淆。

第十三条 经营者实施下列混淆行为之一，足以引人误认为是他人商品或者与他人存在特定联系的，人民法院可以依照反不正当竞争法第六条第四项予以认定：

（一）擅自使用反不正当竞争法第六条第一项、第二项、第三项规定以外"有一定影响的"标识；

（二）将他人注册商标、未注册的驰名商标作为企业名称中的字号使用，误导公众。

第十四条 经营者销售带有违反反不正当竞争法第六条规定的标识的商品，引人误认为是他人商品或者与他人存在特定联系，当事人主张构成反不正当竞争法第六条规定的情形的，人民法院应予支持。

销售不知道是前款规定的侵权商品，能证明该商品是自己合法取得并说明提供者，经营者主张不承担赔偿责任的，人民法院应予支持。

第十五条 故意为他人实施混淆行为提供仓储、运输、邮寄、印制、隐匿、经营场所等便利条件，当事人请求依据民法典第一千一百六十九条第一款予以认定的，人民法院应予支持。

第二节 商业贿赂

《反不正当竞争法》

第八条 经营者不得采用给予财物或者其他手段贿赂下列单位或者个人，以谋取交易机会或者竞争优势：

（一）交易相对方的工作人员；

（二）受交易相对方委托办理相关事务的单位或者个人；

（三）利用职权或者影响力影响交易的单位或者个人。

前款规定的单位和个人不得收受贿赂。

经营者在交易活动中，可以以明示方式向交易相对方支付折扣，或者向中间人支付佣金。经营者向交易相对方支付折扣、向中间人支付佣金的，应当如实入账。接受折扣、佣金的经营者也应当如实入账。

经营者的工作人员进行贿赂的，应当认定为经营者的行为；但是，经营者有证据证明该工作人员的行为与为经营者谋取交易机会或者竞争优势无关的除外。

第二十四条 有关单位违反本法第八条规定贿赂他人或者收受贿赂的，由监督检查部门没收违法所得，处十万元以上一百万元以下的罚款；情节严重的，处一百万元以上五百万元以下的罚款,可以并处吊销营业执照。

经营者的法定代表人、主要负责人和直接责任人员对实施贿赂负有个人责任,以及有关个人收受贿赂的,由监督检查部门没收违法所得,处一百万元以下的罚款。

《规范促销行为暂行规定》①

第九条 经营者不得假借促销等名义,通过财物或者其他手段贿赂他人,以谋取交易机会或者竞争优势。

第三节　虚假宣传

《反不正当竞争法》

第九条 经营者不得对其商品的性能、功能、质量、销售状况、用户评价、曾获荣誉等作虚假或者引人误解的商业宣传,欺骗、误导消费者和其他经营者。

经营者不得通过组织虚假交易、虚假评价等方式,帮助其

---

① 2020年1月15日国家市场监督管理总局2020年第1次局务会议审议通过,2020年10月29日国家市场监督管理总局令第32号公布,自2020年12月1日起施行。

他经营者进行虚假或者引人误解的商业宣传。

第二十五条 经营者违反本法第九条规定对其商品作虚假或者引人误解的商业宣传,或者通过组织虚假交易、虚假评价等方式帮助其他经营者进行虚假或者引人误解的商业宣传的,由监督检查部门责令停止违法行为,处一百万元以下的罚款;情节严重的,处一百万元以上二百万元以下的罚款,可以并处吊销营业执照。

经营者违反本法第九条规定,属于发布虚假广告的,依照《中华人民共和国广告法》的规定处罚。

《电子商务法》①

第十七条 电子商务经营者应当全面、真实、准确、及时地披露商品或者服务信息,保障消费者的知情权和选择权。电子商务经营者不得以虚构交易、编造用户评价等方式进行虚假或者引人误解的商业宣传,欺骗、误导消费者。

---

① 《中华人民共和国电子商务法》(本书简称《电子商务法》),中华人民共和国第十三届全国人民代表大会常务委员会第五次会议于2018年8月31日通过,2018年8月31日中华人民共和国主席令第7号公布,自2019年1月1日起施行。

《广告法》[1]

第四条 广告不得含有虚假或者引人误解的内容,不得欺骗、误导消费者。

广告主应当对广告内容的真实性负责。

第二十八条 广告以虚假或者引人误解的内容欺骗、误导消费者的,构成虚假广告。

广告有下列情形之一的,为虚假广告:

(一)商品或者服务不存在的;

(二)商品的性能、功能、产地、用途、质量、规格、成分、价格、生产者、有效期限、销售状况、曾获荣誉等信息,或者服务的内容、提供者、形式、质量、价格、销售状况、曾获荣誉等信息,以及与商品或者服务有关的允诺等信息与实际情况不符,对购买行为有实质性影响的;

---

[1] 《中华人民共和国广告法》(本书简称《广告法》),1994年10月27日第八届全国人民代表大会常务委员会第十次会议通过,2015年4月24日第十二届全国人民代表大会常务委员会第十四次会议修订,根据2018年10月26日第十三届全国人民代表大会常务委员会第六次会议《关于修改〈中华人民共和国野生动物保护法〉等十五部法律的决定》第一次修正,根据2021年4月29日第十三届全国人民代表大会常务委员会第二十八次会议《关于修改〈中华人民共和国道路交通安全法〉等八部法律的决定》第二次修正。

（三）使用虚构、伪造或者无法验证的科研成果、统计资料、调查结果、文摘、引用语等信息作证明材料的；

（四）虚构使用商品或者接受服务的效果的；

（五）以虚假或者引人误解的内容欺骗、误导消费者的其他情形。

第五十五条 违反本法规定，发布虚假广告的，由市场监督管理部门责令停止发布广告，责令广告主在相应范围内消除影响，处广告费用三倍以上五倍以下的罚款，广告费用无法计算或者明显偏低的，处二十万元以上一百万元以下的罚款；两年内有三次以上违法行为或者有其他严重情节的，处广告费用五倍以上十倍以下的罚款，广告费用无法计算或者明显偏低的，处一百万元以上二百万元以下的罚款，可以吊销营业执照，并由广告审查机关撤销广告审查批准文件、一年内不受理其广告审查申请。

医疗机构有前款规定违法行为，情节严重的，除由市场监督管理部门依照本法处罚外，卫生行政部门可以吊销诊疗科目或者吊销医疗机构执业许可证。

广告经营者、广告发布者明知或者应知广告虚假仍设计、制作、代理、发布的，由市场监督管理部门没收广告费用，并处广告费用三倍以上五倍以下的罚款，广告费用无法计算或者明显偏低的，处二十万元以上一百万元以下的罚款；两年内有三次以上违法行为或者有其他严重情节的，处广告费用五倍以上十倍以下的罚款，广告费用无法计算或者明显偏低的，处一百万元以上二百万元以下的罚款，并可以由有关部门暂停广告发布业务、吊销营业执照。

广告主、广告经营者、广告发布者有本条第一款、第三款规定行为，构成犯罪的，依法追究刑事责任。

第五十六条 违反本法规定，发布虚假广告，欺骗、误导消费者，使购买商品或者接受服务的消费者的合法权益受到损害的，由广告主依法承担民事责任。广告经营者、广告发布者不能提供广告主的真实名称、地址和有效联系方式的，消费者可以要求广告经营者、广告发布者先行赔偿。

关系消费者生命健康的商品或者服务的虚假广告，造成消费者损害的，其广告经营者、广告发布者、广告代言人应当与广告主承担连带责任。

前款规定以外的商品或者服务的虚假广告，造成消费者损害的，其广告经营者、广告发布者、广告代言人，明知或者应知广告虚假仍设计、制作、代理、发布或者作推荐、证明的，应当与广告主承担连带责任。

> **《最高人民法院关于适用〈中华人民共和国反不正当竞争法〉若干问题的解释》**
>
> **第十六条** 经营者在商业宣传过程中，提供不真实的商品相关信息，欺骗、误导相关公众的，人民法院应当认定为反不正当竞争法第八条第一款规定的虚假的商业宣传。
>
> **第十七条** 经营者具有下列行为之一，欺骗、误导相关公众的，人民法院可以认定为反不正当竞争法第八条第一款规定的"引人误解的商业宣传"：
>
> （一）对商品作片面的宣传或者对比；
>
> （二）将科学上未定论的观点、现象等当作定论的事实用于商品宣传；
>
> （三）使用歧义性语言进行商业宣传；
>
> （四）其他足以引人误解的商业宣传行为。
>
> 人民法院应当根据日常生活经验、相关公众一般注意力、发生误解的事实和被宣传对象的实际情况等因素，对引人误解的商业宣传行为进行认定。
>
> **第十八条** 当事人主张经营者违反反不正当竞争法第八条第一款的规定并请求赔偿损失的，应当举证证明其因虚假或者引人误解的商业宣传行为受到损失。

第四节 侵犯商业秘密

《反不正当竞争法》

第十条 经营者不得实施下列侵犯商业秘密的行为：

（一）以盗窃、贿赂、欺诈、胁迫、电子侵入或者其他不正当手段获取权利人的商业秘密；

（二）披露、使用或者允许他人使用以前项手段获取的权利人的商业秘密；

（三）违反保密义务或者违反权利人有关保守商业秘密的要求，披露、使用或者允许他人使用其所掌握的商业秘密；

（四）教唆、引诱、帮助他人违反保密义务或者违反权利人有关保守商业秘密的要求，获取、披露、使用或者允许他人使用权利人的商业秘密。

经营者以外的其他自然人、法人和非法人组织实施前款所列违法行为的，视为侵犯商业秘密。

第三人明知或者应知商业秘密权利人的员工、前员工或者其他单位、个人实施本条第一款所列违法行为，仍获取、披露、使用或者允许他人使用该商业秘密的，视为侵犯商业秘密。

本法所称的商业秘密，是指不为公众所知悉、具有商业价值并经权利人采取相应保密措施的技术信息、经营信息等商业信息。

第二十六条 经营者以及其他自然人、法人和非法人组织违反本法第十条规定侵犯商业秘密的，由监督检查部门责令停止违法行为，没收违法所得，处十万元以上一百万元以下的罚款；情节严重的，处一百万元以上五百万元以下的罚款。

第三十九条 在侵犯商业秘密的民事审判程序中，商业秘密权利人提供初步证据，证明其已经对所主张的商业秘密采取保密措施，且合理表明商业秘密被侵犯，涉嫌侵权人应当证明权利人所主张的商业秘密不属于本法规定的商业秘密。

商业秘密权利人提供初步证据合理表明商业秘密被侵犯，且提供以下证据之一的，涉嫌侵权人应当证明其不存在侵犯商业秘密的行为：

（一）有证据表明涉嫌侵权人有渠道或者机会获取商业秘密，且其使用的信息与该商业秘密实质上相同；

（二）有证据表明商业秘密已经被涉嫌侵权人披露、使用或者有被披露、使用的风险；

（三）有其他证据表明商业秘密被涉嫌侵权人侵犯。

《最高人民法院关于审理侵犯商业秘密民事案件适用法律若干问题的规定》

第一条 与技术有关的结构、原料、组分、配方、材料、样品、样式、植物新品种繁殖材料、工艺、方法或其步骤、算法、数据、计算机程序及其有关文档等信息，人民法院可以认定构成反不正当竞争法第九条第四款所称的技术信息。

与经营活动有关的创意、管理、销售、财务、计划、样本、招投标材料、客户信息、数据等信息，人民法院可以认定构成反不正当竞争法第九条第四款所称的经营信息。

前款所称的客户信息，包括客户的名称、地址、联系方式以及交易习惯、意向、内容等信息。

第二条 当事人仅以与特定客户保持长期稳定交易关系为由，主张该特定客户属于商业秘密的，人民法院不予支持。

客户基于对员工个人的信赖而与该员工所在单位进行交易，该员工离职后，能够证明客户自愿选择与该员工或者该员工所在的新单位进行交易的，人民法院应当认定该员工没有采用不正当手段获取权利人的商业秘密。

第三条 权利人请求保护的信息在被诉侵权行为发生时不为所属领域的相关人员普遍知悉和容易获得的，人民法院应当认定为反不正当竞争法第九条第四款所称的不为公众所知悉。

第四条 具有下列情形之一的，人民法院可以认定有关信息为公众所知悉：

（一）该信息在所属领域属于一般常识或者行业惯例的；

（二）该信息仅涉及产品的尺寸、结构、材料、部件的简单组合等内容，所属领域的相关人员通过观察上市产品即可直接获得的；

（三）该信息已经在公开出版物或者其他媒体上公开披露的；

（四）该信息已通过公开的报告会、展览等方式公开的；

（五）所属领域的相关人员从其他公开渠道可以获得该信息的。

将为公众所知悉的信息进行整理、改进、加工后形成的新信息，符合本规定第三条规定的，应当认定该新信息不为公众所知悉。

第五条 权利人为防止商业秘密泄露，在被诉侵权行为发生以前所采取的合理保密措施，人民法院应当认定为反不正当竞争法第九条第四款所称的相应保密措施。

人民法院应当根据商业秘密及其载体的性质、商业秘密的商业价值、保密措施的可识别程度、保密措施与商业秘密的对应程度以及权利人的保密意愿等因素，认定权利人是否采取了相应保密措施。

第六条 具有下列情形之一，在正常情况下足以防止商业秘密泄露的，人民法院应当认定权利人采取了相应保密措施：

（一）签订保密协议或者在合同中约定保密义务的；

（二）通过章程、培训、规章制度、书面告知等方式，对能够接触、获取商业秘密的员工、前员工、供应商、客户、来访者等提出保密要求的；

（三）对涉密的厂房、车间等生产经营场所限制来访者或者进行区分管理的；

（四）以标记、分类、隔离、加密、封存、限制能够接触或者获取的人员范围等方式，对商业秘密及其载体进行区分和管理的；

（五）对能够接触、获取商业秘密的计算机设备、电子设备、网络设备、存储设备、软件等，采取禁止或者限制使用、访问、存储、复制等措施的；

（六）要求离职员工登记、返还、清除、销毁其接触或者获取的商业秘密及其载体，继续承担保密义务的；

（七）采取其他合理保密措施的。

第七条 权利人请求保护的信息因不为公众所知悉而具有现实的或者潜在的商业价值的，人民法院经审查可以认定为反不正当竞争法第九条第四款所称的具有商业价值。

生产经营活动中形成的阶段性成果符合前款规定的，人民法院经审查可以认定该成果具有商业价值。

第八条 被诉侵权人以违反法律规定或者公认的商业道德的方式获取权利人的商业秘密的，人民法院应当认定属于反不正当竞争法第九条第一款所称的以其他不正当手段获取权利人的商业秘密。

第九条 被诉侵权人在生产经营活动中直接使用商业秘密，或者对商业秘密进行修改、改进后使用，或者根据商业秘密调整、优化、改进有关生产经营活动的，人民法院应当认定属于反不正当竞争法第九条所称的使用商业秘密。

第十条 当事人根据法律规定或者合同约定所承担的保密义务，人民法院应当认定属于反不正当竞争法第九条第一款所称的保密义务。

当事人未在合同中约定保密义务，但根据诚信原则以及合同的性质、目的、缔约过程、交易习惯等，被诉侵权人知道或者应当知道其获取的信息属于权利人的商业秘密的，人民法院应当认定被诉侵权人对其获取的商业秘密承担保密义务。

第十一条 法人、非法人组织的经营、管理人员以及具有劳动关系的其他人员，人民法院可以认定为反不正当竞争法第九条第三款所称的员工、前员工。

第十二条 人民法院认定员工、前员工是否有渠道或者机会获取权利人的商业秘密，可以考虑与其有关的下列因素：

（一）职务、职责、权限；

（二）承担的本职工作或者单位分配的任务；

（三）参与和商业秘密有关的生产经营活动的具体情形；

（四）是否保管、使用、存储、复制、控制或者以其他方式接触、获取商业秘密及其载体；

（五）需要考虑的其他因素。

第十三条 被诉侵权信息与商业秘密不存在实质性区别的，人民法院可以认定被诉侵权信息与商业秘密构成反不正当竞争法第三十二条第二款所称的实质上相同。

人民法院认定是否构成前款所称的实质上相同，可以考虑下列因素：

（一）被诉侵权信息与商业秘密的异同程度；

（二）所属领域的相关人员在被诉侵权行为发生时是否容易想到被诉侵权信息与商业秘密的区别；

（三）被诉侵权信息与商业秘密的用途、使用方式、目的、效果等是否具有实质性差异；

（四）公有领域中与商业秘密相关信息的情况；

（五）需要考虑的其他因素。

第十四条 通过自行开发研制或者反向工程获得被诉侵权

信息的，人民法院应当认定不属于反不正当竞争法第九条规定的侵犯商业秘密行为。

前款所称的反向工程，是指通过技术手段对从公开渠道取得的产品进行拆卸、测绘、分析等而获得该产品的有关技术信息。

被诉侵权人以不正当手段获取权利人的商业秘密后，又以反向工程为由主张未侵犯商业秘密的，人民法院不予支持。

第十五条 被申请人试图或者已经以不正当手段获取、披露、使用或者允许他人使用权利人所主张的商业秘密，不采取行为保全措施会使判决难以执行或者造成当事人其他损害，或者将会使权利人的合法权益受到难以弥补的损害的，人民法院可以依法裁定采取行为保全措施。

前款规定的情形属于民事诉讼法第一百条、第一百零一条所称情况紧急的，人民法院应当在四十八小时内作出裁定。

第十六条 经营者以外的其他自然人、法人和非法人组织侵犯商业秘密，权利人依据反不正当竞争法第十七条的规定主张侵权人应当承担的民事责任的，人民法院应予支持。

第十七条 人民法院对于侵犯商业秘密行为判决停止侵害的民事责任时，停止侵害的时间一般应当持续到该商业秘密已为公众所知悉时为止。

依照前款规定判决停止侵害的时间明显不合理的，人民法院可以在依法保护权利人的商业秘密竞争优势的情况下，判决侵权人在一定期限或者范围内停止使用该商业秘密。

第十八条 权利人请求判决侵权人返还或者销毁商业秘密载体，清除其控制的商业秘密信息的，人民法院一般应予支持。

第十九条 因侵权行为导致商业秘密为公众所知悉的，人民法院依法确定赔偿数额时，可以考虑商业秘密的商业价值。

人民法院认定前款所称的商业价值，应当考虑研究开发成本、实施该项商业秘密的收益、可得利益、可保持竞争优势的时间等因素。

第二十条 权利人请求参照商业秘密许可使用费确定因被侵权所受到的实际损失的，人民法院可以根据许可的性质、内容、实际履行情况以及侵权行为的性质、情节、后果等因素确定。

人民法院依照反不正当竞争法第十七条第四款确定赔偿数额的，可以考虑商业秘密的性质、商业价值、研究开发成本、创新程度、能带来的竞争优势以及侵权人的主观过错、侵权行为的性质、情节、后果等因素。

第二十一条 对于涉及当事人或者案外人的商业秘密的证据、材料，当事人或者案外人书面申请人民法院采取保密措施的，人民法院应当在保全、证据交换、质证、委托鉴定、询问、庭审等诉讼活动中采取必要的保密措施。

违反前款所称的保密措施的要求，擅自披露商业秘密或者在诉讼活动之外使用或者允许他人使用在诉讼中接触、获取的商业秘密的，应当依法承担民事责任。构成民事诉讼法第一百一十一条规定情形的，人民法院可以依法采取强制措施。构成犯罪的，依法追究刑事责任。

第二十二条 人民法院审理侵犯商业秘密民事案件时，对在侵犯商业秘密犯罪刑事诉讼程序中形成的证据，应当按照法定程序，全面、客观地审查。

由公安机关、检察机关或者人民法院保存的与被诉侵权行为具有关联性的证据，侵犯商业秘密民事案件的当事人及其诉讼代理人因客观原因不能自行收集，申请调查收集的，人民法院应当准许，但可能影响正在进行的刑事诉讼程序的除外。

第二十三条 当事人主张依据生效刑事裁判认定的实际损失或者违法所得确定涉及同一侵犯商业秘密行为的民事案件赔偿数额的，人民法院应予支持。

第二十四条 权利人已经提供侵权人因侵权所获得的利益的初步证据，但与侵犯商业秘密行为相关的账簿、资料由侵权人掌握的，人民法院可以根据权利人的申请，责令侵权人提供该账簿、资料。侵权人无正当理由拒不提供或者不如实提供的，人民法院可以根据权利人的主张和提供的证据认定侵权人因侵权所获得的利益。

第二十五条 当事人以涉及同一被诉侵犯商业秘密行为的刑事案件尚未审结为由，请求中止审理侵犯商业秘密民事案件，人民法院在听取当事人意见后认为必须以该刑事案件的审理结果为依据的，应予支持。

第二十六条 对于侵犯商业秘密行为，商业秘密独占使用许可合同的被许可人提起诉讼的，人民法院应当依法受理。

排他使用许可合同的被许可人和权利人共同提起诉讼，或者在权利人不起诉的情况下自行提起诉讼的，人民法院应当依法受理。

普通使用许可合同的被许可人和权利人共同提起诉讼，或者经权利人书面授权单独提起诉讼的，人民法院应当依法受理。

第二十七条 权利人应当在一审法庭辩论结束前明确所主张的商业秘密具体内容。仅能明确部分的，人民法院对该明确的部分进行审理。

权利人在第二审程序中另行主张其在一审中未明确的商业秘密具体内容的，第二审人民法院可以根据当事人自愿的原则就与该商业秘密具体内容有关的诉讼请求进行调解；调解不成的，告知当事人另行起诉。双方当事人均同意由第二审人民法院一并审理的，第二审人民法院可以一并裁判。

第二十八条 人民法院审理侵犯商业秘密民事案件，适用被诉侵权行为发生时的法律。被诉侵权行为在法律修改之前已经发生且持续到法律修改之后的，适用修改后的法律。

第五节 不当有奖销售

《反不正当竞争法》

第十一条 经营者进行有奖销售不得存在下列情形：

（一）所设奖的种类、兑奖条件、奖金金额或者奖品等有奖销售信息不明确，影响兑奖；

（二）有奖销售活动开始后，无正当理由变更所设奖的种类、兑奖条件、奖金金额或者奖品等有奖销售信息；

（三）采用谎称有奖或者故意让内定人员中奖等欺骗方式进行有奖销售；

（四）抽奖式的有奖销售，最高奖的金额超过五万元。

第二十七条 经营者违反本法第十一条规定进行有奖销售的，由监督检查部门责令停止违法行为，处五万元以上五十万元以下的罚款。

《规范促销行为暂行规定》

第十一条 本规定所称有奖销售，是指经营者以销售商品或者获取竞争优势为目的，向消费者提供奖金、物品或者其他利益的行为，包括抽奖式和附赠式等有奖销售。

抽奖式有奖销售是指经营者以抽签、摇号、游戏等带有偶然性或者不确定性的方法，决定消费者是否中奖的有奖销售行为。

附赠式有奖销售是指经营者向满足一定条件的消费者提供奖金、物品或者其他利益的有奖销售行为。

经政府或者政府有关部门依法批准的有奖募捐及其他彩票发售活动，不适用本规定。

第十二条 经营者为了推广移动客户端、招揽客户、提高知名度、获取流量、提高点击率等，附带性地提供物品、奖金或者其他利益的行为，属于本规定所称的有奖销售。

第十三条 经营者在有奖销售前，应当明确公布奖项种类、参与条件、参与方式、开奖时间、开奖方式、奖金金额或者奖品价格、奖品品名、奖品种类、奖品数量或者中奖概率、兑奖时间、兑奖条件、兑奖方式、奖品交付方式、弃奖条件、主办方及其联系方式等信息，不得变更，不得附加条件，不得影响兑奖，但有利于消费者的除外。

在现场即时开奖的有奖销售活动中，对超过五百元奖项的兑奖情况，应当随时公示。

第十四条 奖品为积分、礼券、兑换券、代金券等形式的，应当公布兑换规则、使用范围、有效期限以及其他限制性条件等详细内容；需要向其他经营者兑换的，应当公布其他经营者的名称、兑换地点或者兑换途径。

第十五条 经营者进行有奖销售，不得采用以下谎称有奖的方式：

（一）虚构奖项、奖品、奖金金额等；

（二）仅在活动范围中的特定区域投放奖品；

（三）在活动期间将带有中奖标志的商品、奖券不投放、未全部投放市场；

（四）将带有不同奖金金额或者奖品标志的商品、奖券按不同时间投放市场；

（五）未按照向消费者明示的信息兑奖；

（六）其他谎称有奖的方式。

第十六条 经营者进行有奖销售，不得采用让内部员工、指定单位或者个人中奖等故意让内定人员中奖的欺骗方式。

第十七条 抽奖式有奖销售最高奖的金额不得超过五万元。有下列情形之一的，认定为最高奖的金额超过五万元：

（一）最高奖设置多个中奖者的，其中任意一个中奖者的最高奖金额超过五万元；

（二）同一奖券或者购买一次商品具有两次或者两次以上获奖机会的，累计金额超过五万元；

（三）以物品使用权、服务等形式作为奖品的，该物品使用权、服务等的市场价格超过五万元；

（四）以游戏装备、账户等网络虚拟物品作为奖品的，该物品市场价格超过五万元；

（五）以降价、优惠、打折等方式作为奖品的，降价、优惠、打折等利益折算价格超过五万元；

（六）以彩票、抽奖券等作为奖品的，该彩票、抽奖券可能的最高奖金额超过五万元；

（七）以提供就业机会、聘为顾问等名义，并以给付薪金等方式设置奖励，最高奖的金额超过五万元；

（八）以其他形式进行抽奖式有奖销售，最高奖金额超过五万元。

第十八条 经营者以非现金形式的物品或者其他利益作为奖品的，按照同期市场同类商品的价格计算其金额。

第十九条 经营者应当建立档案，如实、准确、完整地记录设奖规则、公示信息、兑奖结果、获奖人员等内容，妥善保存两年并依法接受监督检查。

第六节　商业诋毁

> **《反不正当竞争法》**
>
> **第十二条**　经营者不得编造、传播或者指使他人编造、传播虚假信息或者误导性信息，损害其他经营者的商业信誉、商品声誉。
>
> **第二十八条**　经营者违反本法第十二条规定损害其他经营者商业信誉、商品声誉的，由监督检查部门责令停止违法行为、消除影响，处十万元以上一百万元以下的罚款；情节严重的，处一百万元以上五百万元以下的罚款。

> **《最高人民法院关于适用〈中华人民共和国反不正当竞争法〉若干问题的解释》**
>
> **第十九条**　当事人主张经营者实施了反不正当竞争法第十一条规定的商业诋毁行为的，应当举证证明其为该商业诋毁行为的特定损害对象。
>
> **第二十条**　经营者传播他人编造的虚假信息或者误导性信息，损害竞争对手的商业信誉、商品声誉的，人民法院应当依

照反不正当竞争法第十一条予以认定。

第七节　网络不正当竞争行为

《反不正当竞争法》

第十三条　经营者利用网络从事生产经营活动，应当遵守本法的各项规定。

经营者不得利用数据和算法、技术、平台规则等，通过影响用户选择或者其他方式，实施下列妨碍、破坏其他经营者合法提供的网络产品或者服务正常运行的行为：

（一）未经其他经营者同意，在其合法提供的网络产品或者服务中，插入链接、强制进行目标跳转；

（二）误导、欺骗、强迫用户修改、关闭、卸载其他经营者合法提供的网络产品或者服务；

（三）恶意对其他经营者合法提供的网络产品或者服务实施不兼容；

（四）其他妨碍、破坏其他经营者合法提供的网络产品或者服务正常运行的行为。

经营者不得以欺诈、胁迫、避开或者破坏技术管理措施等不正当方式，获取、使用其他经营者合法持有的数据，损害其他经营者的合法权益，扰乱市场竞争秩序。

经营者不得滥用平台规则，直接或者指使他人对其他经营者实施虚假交易、虚假评价或者恶意退货等行为，损害其他经营者的合法权益，扰乱市场竞争秩序。

第二十九条 经营者违反本法第十三条第二款、第三款、第四款规定利用网络从事不正当竞争的，由监督检查部门责令停止违法行为，处十万元以上一百万元以下的罚款；情节严重的，处一百万元以上五百万元以下的罚款。

《最高人民法院关于适用〈中华人民共和国反不正当竞争法〉若干问题的解释》

第二十一条 未经其他经营者和用户同意而直接发生的目标跳转，人民法院应当认定为反不正当竞争法第十二条第二款第一项规定的"强制进行目标跳转"。

仅插入链接，目标跳转由用户触发的，人民法院应当综合考虑插入链接的具体方式、是否具有合理理由以及对用户利益和其他经营者利益的影响等因素，认定该行为是否违反反不正当竞争法第十二条第二款第一项的规定。

第二十二条 经营者事前未明确提示并经用户同意，以误导、欺骗、强迫用户修改、关闭、卸载等方式，恶意干扰或者破坏其他经营者合法提供的网络产品或者服务，人民法院应当依照反不正当竞争法第十二条第二款第二项予以认定。

第八节　低于成本价销售

《反不正当竞争法》

第十四条　平台经营者不得强制或者变相强制平台内经营者按照其定价规则，以低于成本的价格销售商品，扰乱市场竞争秩序。

第三十条　平台经营者违反本法第十四条规定强制或者变相强制平台内经营者以低于成本的价格销售商品的，由监督检查部门责令停止违法行为，处五万元以上五十万元以下的罚款；情节严重的，处五十万元以上二百万元以下的罚款。

第九节　大型企业滥用优势地位

> 《反不正当竞争法》
>
> **第十五条**　大型企业等经营者不得滥用自身资金、技术、交易渠道、行业影响力等方面的优势地位，要求中小企业接受明显不合理的付款期限、方式、条件和违约责任等交易条件，拖欠中小企业的货物、工程、服务等账款。
>
> **第三十一条**　经营者违反本法第十五条规定滥用自身优势地位的，由省级以上人民政府监督检查部门责令限期改正，逾期不改正的，处一百万元以下的罚款；情节严重的，处一百万元以上五百万元以下的罚款。

第十节　法律责任综合规定

> 《反不正当竞争法》
>
> **第二十二条**　经营者违反本法规定，给他人造成损害的，应当依法承担民事责任。
>
> 经营者的合法权益受到不正当竞争行为损害的，可以向人

民法院提起诉讼。

因不正当竞争行为受到损害的经营者的赔偿数额，按照其因被侵权所受到的实际损失或者侵权人因侵权所获得的利益确定。经营者故意实施侵犯商业秘密行为，情节严重的，可以在按照上述方法确定数额的一倍以上五倍以下确定赔偿数额。赔偿数额还应当包括经营者为制止侵权行为所支付的合理开支。

经营者违反本法第七条、第十条规定，权利人因被侵权所受到的实际损失、侵权人因侵权所获得的利益难以确定的，由人民法院根据侵权行为的情节判决给予权利人五百万元以下的赔偿。

第三十二条 经营者违反本法规定从事不正当竞争，有主动消除或者减轻违法行为危害后果等法定情形的，依法从轻或者减轻行政处罚；违法行为轻微并及时纠正，没有造成危害后果的，不予行政处罚。

第三十三条 经营者违反本法规定从事不正当竞争，受到行政处罚的，由监督检查部门记入信用记录，并依照有关法律、行政法规的规定予以公示。

第三十四条 经营者违反本法规定，应当承担民事责任、行政责任和刑事责任，其财产不足以支付的，优先用于承担民事责任。

第三十五条 妨害监督检查部门依照本法履行职责，拒绝、阻碍调查的，由监督检查部门责令改正，对个人可以处一万元以下的罚款，对单位可以处十万元以下的罚款。

第三十六条 当事人对监督检查部门作出的决定不服的，可以依法申请行政复议或者提起行政诉讼。

第三十七条 监督检查部门的工作人员滥用职权、玩忽职守、徇私舞弊或者泄露调查过程中知悉的商业秘密、个人隐私或者个人信息的，依法给予处分。

第三十八条 违反本法规定，构成违反治安管理行为的，依法给予治安管理处罚；构成犯罪的，依法追究刑事责任。

第四十条 在中华人民共和国境外实施本法规定的不正当竞争行为，扰乱境内市场竞争秩序，损害境内经营者或者消费者的合法权益的，依照本法以及有关法律的规定处理。

《最高人民法院关于适用〈中华人民共和国反不正当竞争法〉若干问题的解释》

第二十三条 对于反不正当竞争法第二条、第八条、第十一条、第十二条规定的不正当竞争行为，权利人因被侵权所受到的实际损失、侵权人因侵权所获得的利益难以确定，当事人主张依据反不正当竞争法第十七条第四款确定赔偿数额的，人民法院应予支持。

第二十四条 对于同一侵权人针对同一主体在同一时间和地域范围实施的侵权行为，人民法院已经认定侵害著作权、专利权或者注册商标专用权等并判令承担民事责任，当事人又以该行为构成不正当竞争为由请求同一侵权人承担民事责任的，人民法院不予支持。

第二十五条 依据反不正当竞争法第六条的规定，当事人主张判令被告停止使用或者变更其企业名称的诉讼请求依法应予支持的，人民法院应当判令停止使用该企业名称。

第二十六条 因不正当竞争行为提起的民事诉讼，由侵权行为地或者被告住所地人民法院管辖。

当事人主张仅以网络购买者可以任意选择的收货地作为侵权行为地的，人民法院不予支持。

第二十七条 被诉不正当竞争行为发生在中华人民共和国领域外，但侵权结果发生在中华人民共和国领域内，当事人主张由该侵权结果发生地人民法院管辖的，人民法院应予支持。

第二十八条 反不正当竞争法修改决定施行以后人民法院受理的不正当竞争民事案件，涉及该决定施行前发生的行为的，适用修改前的反不正当竞争法；涉及该决定施行前发生、持续到该决定施行以后的行为的，适用修改后的反不正当竞争法。

第二章　对涉嫌不正当竞争行为的调查

《反不正当竞争法》

第十六条　监督检查部门调查涉嫌不正当竞争行为，可以采取下列措施：

（一）进入涉嫌不正当竞争行为的经营场所进行检查；

（二）询问被调查的经营者、利害关系人及其他有关单位、个人，要求其说明有关情况或者提供与被调查行为有关的其他资料；

（三）查询、复制与涉嫌不正当竞争行为有关的协议、账簿、单据、文件、记录、业务函电和其他资料；

（四）查封、扣押与涉嫌不正当竞争行为有关的财物；

（五）查询涉嫌不正当竞争行为的经营者的银行账户。

采取前款规定的措施，应当向监督检查部门主要负责人书面报告，并经批准。采取前款第四项、第五项规定的措施，应当向设区的市级以上人民政府监督检查部门主要负责人书面报告，并经批准。

监督检查部门调查涉嫌不正当竞争行为，应当遵守《中华人民共和国行政强制法》和其他有关法律、行政法规的规定，并应当依法将查处结果及时向社会公开。

第十七条 监督检查部门调查涉嫌不正当竞争行为，被调查的经营者、利害关系人及其他有关单位、个人应当如实提供有关资料或者情况。

第十八条 经营者涉嫌违反本法规定的，监督检查部门可以对其有关负责人进行约谈，要求其说明情况、提出改进措施。

第十九条 监督检查部门及其工作人员对调查过程中知悉的商业秘密、个人隐私和个人信息依法负有保密义务。

第二十条 对涉嫌不正当竞争行为，任何单位和个人有权向监督检查部门举报，监督检查部门接到举报后应当依法及时处理。

监督检查部门应当向社会公开受理举报的电话、信箱或者电子邮件地址，并为举报人保密。对实名举报并提供相关事实和证据的，监督检查部门应当将处理结果及时告知举报人。

第二十一条 平台经营者应当在平台服务协议和交易规则中明确平台内公平竞争规则，建立不正当竞争举报投诉和纠纷处置机制，引导、规范平台内经营者依法公平竞争；发现平台内经营者实施不正当竞争行为的，应当及时依法采取必要的处置措施，保存有关记录，并按规定向平台经营者住所地县级以上人民政府监督检查部门报告。

第二编 反垄断执法

反不正当竞争与反垄断执法
简明实用手册

垄断行为

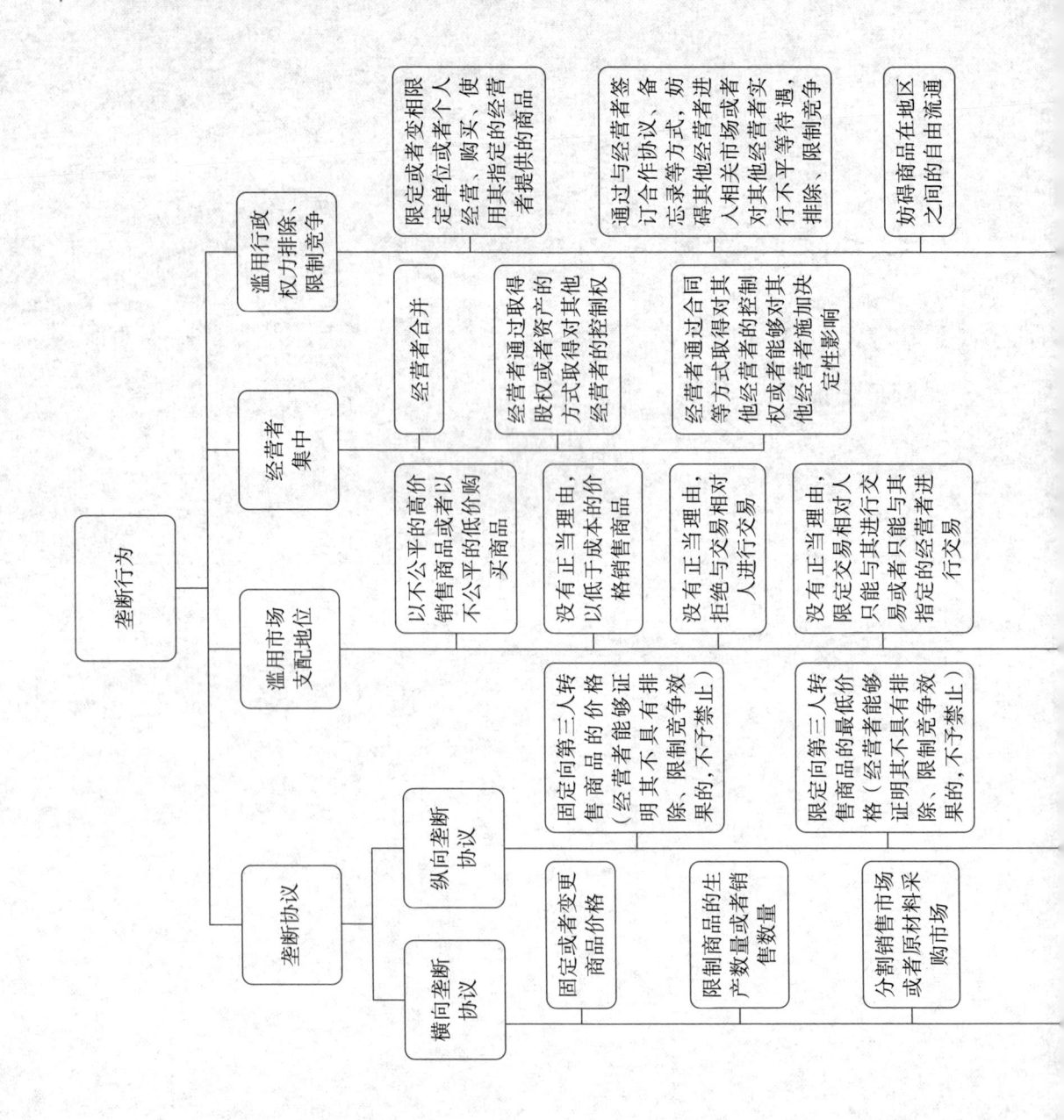

垄断协议

横向垄断协议
- 固定或者变更商品价格
- 限制商品的生产数量或者销售数量
- 分割销售市场或者原材料采购市场

纵向垄断协议
- 固定向第三人转售商品的价格（经营者能够证明其不具有排除、限制竞争效果的，不予禁止）
- 限定向第三人转售商品的最低价格（经营者能够证明其不具有排除、限制竞争效果的，不予禁止）

滥用市场支配地位
- 以不公平的高价销售商品或者以不公平的低价购买商品
- 没有正当理由，以低于成本的价格销售商品
- 没有正当理由，拒绝与交易相对人进行交易
- 没有正当理由，限定交易相对人只能与其进行交易或者只能与其指定的经营者进行交易

经营者集中

经营者合并
- 经营者通过取得股权或者资产的方式取得对其他经营者的控制权
- 经营者通过合同等方式取得对其他经营者的控制权或者能够对其他经营者施加决定性影响

滥用行政权力排除、限制竞争
- 限定或者变相限定单位或者个人经营、购买、使用其指定的经营者提供的商品
- 通过与经营者签订合作协议、备忘录等方式，妨碍其他经营者进入相关市场或者实行不平等待遇，排除、限制竞争
- 妨碍商品在地区之间的自由流通

第二编 反垄断执法 / 45

- 以设定歧视性资质要求、评审标准或者不依法发布信息等方式，排斥或者限制经营者参加招标投标以及其他经营活动
- 采取与本地经营者不平等待遇等方式，排斥、限制、强制或者变相强制外地经营者在本地投资或者设立分支机构
- 强制或者变相强制经营者从事垄断行为
- 制定含有排除、限制竞争内容的规定

- 没有正当理由搭售商品，或者在交易时附加其他不合理的交易条件
- 没有正当理由，对条件相同的交易相对人在交易价格等交易条件上实行差别待遇
- 国务院反垄断执法机构认定的其他滥用市场支配地位的行为

- 国务院反垄断执法机构认定的其他垄断协议

- 限制购买新技术、新设备或者限制开发新技术、新产品
- 联合抵制交易
- 国务院反垄断执法机构认定的其他垄断协议

第一章　垄断行为及其法律责任

第一节　垄断协议

一、行为类型

> **《反垄断法》**[①]
>
> **第十六条**　本法所称垄断协议，是指排除、限制竞争的协议、决定或者其他协同行为。
>
> **第十七条**　禁止具有竞争关系的经营者达成下列垄断协议：
>
> （一）固定或者变更商品价格；
>
> （二）限制商品的生产数量或者销售数量；
>
> （三）分割销售市场或者原材料采购市场；
>
> （四）限制购买新技术、新设备或者限制开发新技术、新产品；

---

① 《中华人民共和国反垄断法》（本书简称《反垄断法》），2007年8月30日第十届全国人民代表大会常务委员会第二十九次会议通过，根据2022年6月24日第十三届全国人民代表大会常务委员会第三十五次会议《关于修改〈中华人民共和国反垄断法〉的决定》修正。

（五）联合抵制交易；

（六）国务院反垄断执法机构认定的其他垄断协议。

第十八条 禁止经营者与交易相对人达成下列垄断协议：

（一）固定向第三人转售商品的价格；

（二）限定向第三人转售商品的最低价格；

（三）国务院反垄断执法机构认定的其他垄断协议。

对前款第一项和第二项规定的协议，经营者能够证明其不具有排除、限制竞争效果的，不予禁止。

经营者能够证明其在相关市场的市场份额低于国务院反垄断执法机构规定的标准，并符合国务院反垄断执法机构规定的其他条件的，不予禁止。

第十九条 经营者不得组织其他经营者达成垄断协议或者为其他经营者达成垄断协议提供实质性帮助。

第二十条 经营者能够证明所达成的协议属于下列情形之一的，不适用本法第十七条、第十八条第一款、第十九条的规定：

（一）为改进技术、研究开发新产品的；

（二）为提高产品质量、降低成本、增进效率，统一产品规格、标准或者实行专业化分工的；

（三）为提高中小经营者经营效率，增强中小经营者竞争力的；

（四）为实现节约能源、保护环境、救灾救助等社会公共利益的；

（五）因经济不景气，为缓解销售量严重下降或者生产明显过剩的；

（六）为保障对外贸易和对外经济合作中的正当利益的；

（七）法律和国务院规定的其他情形。

属于前款第一项至第五项情形，不适用本法第十七条、第十八条第一款、第十九条规定的，经营者还应当证明所达成的协议不会严重限制相关市场的竞争，并且能够使消费者分享由此产生的利益。

第二十一条 行业协会不得组织本行业的经营者从事本章禁止的垄断行为。

《禁止垄断协议规定》[①]

第二条 国家市场监督管理总局（以下简称市场监管总局）负责垄断协议的反垄断统一执法工作。

市场监管总局根据反垄断法第十三条第二款规定，授权各

---

① 2023年2月20日国家市场监督管理总局第2次局务会议通过，2023年3月10日国家市场监督管理总局令第65号公布，自2023年4月15日起施行。

省、自治区、直辖市市场监督管理部门（以下称省级市场监管部门）负责本行政区域内垄断协议的反垄断执法工作。

本规定所称反垄断执法机构包括市场监管总局和省级市场监管部门。

第三条 市场监管总局负责查处下列垄断协议：

（一）跨省、自治区、直辖市的；

（二）案情较为复杂或者在全国有重大影响的；

（三）市场监管总局认为有必要直接查处的。

前款所列垄断协议，市场监管总局可以指定省级市场监管部门查处。

省级市场监管部门根据授权查处垄断协议时，发现不属于本部门查处范围，或者虽属于本部门查处范围，但有必要由市场监管总局查处的，应当及时向市场监管总局报告。

第四条 反垄断执法机构查处垄断协议时，应当平等对待所有经营者。

第五条 垄断协议是指排除、限制竞争的协议、决定或者其他协同行为。

协议或者决定可以是书面、口头等形式。

其他协同行为是指经营者之间虽未明确订立协议或者决定，但实质上存在协调一致的行为。

第六条 认定其他协同行为，应当考虑下列因素：

（一）经营者的市场行为是否具有一致性；

（二）经营者之间是否进行过意思联络或者信息交流；

（三）经营者能否对行为的一致性作出合理解释；

（四）相关市场的市场结构、竞争状况、市场变化等情况。

第七条 相关市场是指经营者在一定时期内就特定商品或者服务（以下统称商品）进行竞争的商品范围和地域范围，包括相关商品市场和相关地域市场。

界定相关市场应当从需求者角度进行需求替代分析。当供给替代对经营者行为产生的竞争约束类似于需求替代时，也应当考虑供给替代。

界定相关商品市场，从需求替代角度，可以考虑需求者对商品价格等因素变化的反应、商品的特征与用途、销售渠道等因素。从供给替代角度，可以考虑其他经营者转产的难易程度、转产后所提供商品的市场竞争力等因素。

界定平台经济领域相关商品市场，可以根据平台一边的商品界定相关商品市场，也可以根据平台所涉及的多边商品，将平台整体界定为一个相关商品市场，或者分别界定多个相关商品市场，并考虑各相关商品市场之间的相互关系和影响。

界定相关地域市场，从需求替代角度，可以考虑商品的运输特征与成本、多数需求者选择商品的实际区域、地域间的贸易壁垒等因素。从供给替代角度，可以考虑其他地域经营者供应商品的及时性与可行性等因素。

第八条 禁止具有竞争关系的经营者就固定或者变更商品价格达成下列垄断协议：

（一）固定或者变更价格水平、价格变动幅度、利润水平或者折扣、手续费等其他费用；

（二）约定采用据以计算价格的标准公式、算法、平台规则等；

（三）限制参与协议的经营者的自主定价权；

（四）通过其他方式固定或者变更价格。

本规定所称具有竞争关系的经营者，包括处于同一相关市场进行竞争的实际经营者和可能进入相关市场进行竞争的潜在经营者。

第九条 禁止具有竞争关系的经营者就限制商品的生产数量或者销售数量达成下列垄断协议：

（一）以限制产量、固定产量、停止生产等方式限制商品的生产数量，或者限制特定品种、型号商品的生产数量；

（二）以限制商品投放量等方式限制商品的销售数量，或者限制特定品种、型号商品的销售数量；

（三）通过其他方式限制商品的生产数量或者销售数量。

第十条 禁止具有竞争关系的经营者就分割销售市场或者原材料采购市场达成下列垄断协议：

（一）划分商品销售地域、市场份额、销售对象、销售收入、销售利润或者销售商品的种类、数量、时间；

（二）划分原料、半成品、零部件、相关设备等原材料的采购区域、种类、数量、时间或者供应商；

（三）通过其他方式分割销售市场或者原材料采购市场。

前款关于分割销售市场或者原材料采购市场的规定适用于数据、技术和服务等。

第十一条 禁止具有竞争关系的经营者就限制购买新技术、新设备或者限制开发新技术、新产品达成下列垄断协议：

（一）限制购买、使用新技术、新工艺；

（二）限制购买、租赁、使用新设备、新产品；

（三）限制投资、研发新技术、新工艺、新产品；

（四）拒绝使用新技术、新工艺、新设备、新产品；

（五）通过其他方式限制购买新技术、新设备或者限制开发新技术、新产品。

第十二条 禁止具有竞争关系的经营者就联合抵制交易达成下列垄断协议：

（一）联合拒绝向特定经营者供应或者销售商品；

（二）联合拒绝采购或者销售特定经营者的商品；

（三）联合限定特定经营者不得与其具有竞争关系的经营者进行交易；

（四）通过其他方式联合抵制交易。

第十三条 具有竞争关系的经营者不得利用数据和算法、技术以及平台规则等，通过意思联络、交换敏感信息、行为协调一致等方式，达成本规定第八条至第十二条规定的垄断协议。

第十四条 禁止经营者与交易相对人就商品价格达成下列垄断协议：

（一）固定向第三人转售商品的价格水平、价格变动幅度、利润水平或者折扣、手续费等其他费用；

（二）限定向第三人转售商品的最低价格，或者通过限定价格变动幅度、利润水平或者折扣、手续费等其他费用限定向第三人转售商品的最低价格；

（三）通过其他方式固定转售商品价格或者限定转售商品最低价格。

对前款规定的协议，经营者能够证明其不具有排除、限制竞争效果的，不予禁止。

第十五条 经营者不得利用数据和算法、技术以及平台规则等，通过对价格进行统一、限定或者自动化设定转售商品价格等方式，达成本规定第十四条规定的垄断协议。

第十六条 不属于本规定第八条至第十五条所列情形的其他协议、决定或者协同行为，有证据证明排除、限制竞争的，应当认定为垄断协议并予以禁止。

前款规定的垄断协议由市场监管总局负责认定,认定时应当考虑下列因素:

(一)经营者达成、实施协议的事实;

(二)市场竞争状况;

(三)经营者在相关市场中的市场份额及其对市场的控制力;

(四)协议对商品价格、数量、质量等方面的影响;

(五)协议对市场进入、技术进步等方面的影响;

(六)协议对消费者、其他经营者的影响;

(七)与认定垄断协议有关的其他因素。

第十七条 经营者与交易相对人达成协议,经营者能够证明参与协议的经营者在相关市场的市场份额低于市场监管总局规定的标准,并符合市场监管总局规定的其他条件的,不予禁止。

第十八条 反垄断法第十九条规定的经营者组织其他经营者达成垄断协议,包括下列情形:

(一)经营者不属于垄断协议的协议方,在垄断协议达成或者实施过程中,对协议的主体范围、主要内容、履行条件等具有决定性或者主导作用;

(二)经营者与多个交易相对人签订协议,使具有竞争关系的交易相对人之间通过该经营者进行意思联络或者信息交流，达成本规定第八条至第十三条的垄断协议。

（三）通过其他方式组织其他经营者达成垄断协议。

反垄断法第十九条规定的经营者为其他经营者达成垄断协议提供实质性帮助，包括提供必要的支持、创造关键性的便利条件，或者其他重要帮助。

第十九条 经营者能够证明被调查的垄断协议属于反垄断法第二十条规定情形的，不适用本规定第八条至第十六条、第十八条的规定。

第二十条 反垄断执法机构认定被调查的垄断协议是否属于反垄断法第二十条规定的情形，应当考虑下列因素：

（一）协议实现该情形的具体形式和效果；

（二）协议与实现该情形之间的因果关系；

（三）协议是否是实现该情形的必要条件；

（四）其他可以证明协议属于相关情形的因素。

反垄断执法机构认定消费者能否分享协议产生的利益，应当考虑消费者是否因协议的达成、实施在商品价格、质量、种类等方面获得利益。

第二十一条 行业协会应当加强行业自律，引导本行业的经营者依法竞争，合规经营，维护市场竞争秩序。禁止行业协会从事下列行为：

（一）制定、发布含有排除、限制竞争内容的行业协会章程、规则、决定、通知、标准等；

（二）召集、组织或者推动本行业的经营者达成含有排除、限制竞争内容的协议、决议、纪要、备忘录等；

（三）其他组织本行业经营者达成或者实施垄断协议的行为。

本规定所称行业协会是指由同行业经济组织和个人组成，行使行业服务和自律管理职能的各种协会、学会、商会、联合会、促进会等社会团体法人。

二、法律责任

《反垄断法》

第五十六条 经营者违反本法规定，达成并实施垄断协议的，由反垄断执法机构责令停止违法行为，没收违法所得，并处上一年度销售额百分之一以上百分之十以下的罚款，上一年度没有销售额的，处五百万元以下的罚款；尚未实施所达成的垄断协议的，可以处三百万元以下的罚款。经营者的法定代表人、主要负责人和直接责任人员对达成垄断协议负有个人责任的，可以处一百万元以下的罚款。

经营者组织其他经营者达成垄断协议或者为其他经营者达成垄断协议提供实质性帮助的，适用前款规定。

经营者主动向反垄断执法机构报告达成垄断协议的有关情况并提供重要证据的，反垄断执法机构可以酌情减轻或者免除对该经营者的处罚。

行业协会违反本法规定，组织本行业的经营者达成垄断协议的，由反垄断执法机构责令改正，可以处三百万元以下的罚款；情节严重的，社会团体登记管理机关可以依法撤销登记。

第五十九条 对本法第五十六条、第五十七条、第五十八条规定的罚款，反垄断执法机构确定具体罚款数额时，应当考虑违法行为的性质、程度、持续时间和消除违法行为后果的情况等因素。

第六十三条 违反本法规定，情节特别严重、影响特别恶劣、造成特别严重后果的，国务院反垄断执法机构可以在本法第五十六条、第五十七条、第五十八条、第六十二条规定的罚款数额的二倍以上五倍以下确定具体罚款数额。

第二节 滥用市场支配地位

一、行为类型

《反垄断法》

第二十二条 禁止具有市场支配地位的经营者从事下列滥用市场支配地位的行为：

（一）以不公平的高价销售商品或者以不公平的低价购买商品；

（二）没有正当理由，以低于成本的价格销售商品；

（三）没有正当理由，拒绝与交易相对人进行交易；

（四）没有正当理由，限定交易相对人只能与其进行交易或者只能与其指定的经营者进行交易；

（五）没有正当理由搭售商品，或者在交易时附加其他不合理的交易条件；

（六）没有正当理由，对条件相同的交易相对人在交易价格等交易条件上实行差别待遇；

（七）国务院反垄断执法机构认定的其他滥用市场支配地位的行为。

具有市场支配地位的经营者不得利用数据和算法、技术以及平台规则等从事前款规定的滥用市场支配地位的行为。

本法所称市场支配地位，是指经营者在相关市场内具有能够控制商品价格、数量或者其他交易条件，或者能够阻碍、影响其他经营者进入相关市场能力的市场地位。

第二十三条 认定经营者具有市场支配地位，应当依据下列因素：

（一）该经营者在相关市场的市场份额，以及相关市场的竞争状况；

（二）该经营者控制销售市场或者原材料采购市场的能力；

（三）该经营者的财力和技术条件；

（四）其他经营者对该经营者在交易上的依赖程度；

（五）其他经营者进入相关市场的难易程度；

（六）与认定该经营者市场支配地位有关的其他因素。

第二十四条 有下列情形之一的，可以推定经营者具有市场支配地位：

（一）一个经营者在相关市场的市场份额达到二分之一的；

（二）两个经营者在相关市场的市场份额合计达到三分之二的；

（三）三个经营者在相关市场的市场份额合计达到四分之三的。

有前款第二项、第三项规定的情形，其中有的经营者市场份额不足十分之一的，不应当推定该经营者具有市场支配地位。

被推定具有市场支配地位的经营者，有证据证明不具有市场支配地位的，不应当认定其具有市场支配地位。

《禁止滥用市场支配地位行为规定》[①]

第二条 国家市场监督管理总局（以下简称市场监管总局）负责滥用市场支配地位行为的反垄断统一执法工作。

市场监管总局根据反垄断法第十三条第二款规定，授权各省、自治区、直辖市市场监督管理部门（以下称省级市场监管部门）负责本行政区域内滥用市场支配地位行为的反垄断执法工作。

本规定所称反垄断执法机构包括市场监管总局和省级市场监管部门。

第三条 市场监管总局负责查处下列滥用市场支配地位行为：

---

① 2023年2月20日国家市场监督管理总局第2次局务会议通过，2023年3月10日国家市场监督管理总局令第66号公布，自2023年4月15日起施行。

（一）跨省、自治区、直辖市的；

（二）案情较为复杂或者在全国有重大影响的；

（三）市场监管总局认为有必要直接查处的。

前款所列滥用市场支配地位行为，市场监管总局可以指定省级市场监管部门查处。

省级市场监管部门根据授权查处滥用市场支配地位行为时，发现不属于本部门查处范围，或者虽属于本部门查处范围，但有必要由市场监管总局查处的，应当及时向市场监管总局报告。

第四条 反垄断执法机构查处滥用市场支配地位行为时，应当平等对待所有经营者。

第五条 相关市场是指经营者在一定时期内就特定商品或者服务（以下统称商品）进行竞争的商品范围和地域范围，包括相关商品市场和相关地域市场。

界定相关市场应当从需求者角度进行需求替代分析。当供给替代对经营者行为产生的竞争约束类似于需求替代时，也应当考虑供给替代。

界定相关商品市场，从需求替代角度，可以考虑需求者对商品价格等因素变化的反应、商品的特征与用途、销售渠道等因素。从供给替代角度，可以考虑其他经营者转产的难易程度、转产后所提供商品的市场竞争力等因素。

界定平台经济领域相关商品市场，可以根据平台一边的商品界定相关商品市场，也可以根据平台所涉及的多边商品，将平台整体界定为一个相关商品市场，或者分别界定多个相关商品市场，并考虑各相关商品市场之间的相互关系和影响。

界定相关地域市场，从需求替代角度，可以考虑商品的运输特征与成本、多数需求者选择商品的实际区域、地域间的贸易壁垒等因素。从供给替代角度，可以考虑其他地域经营者供应商品的及时性与可行性等因素。

第六条 市场支配地位是指经营者在相关市场内具有能够控制商品价格、数量或者其他交易条件，或者能够阻碍、影响其他经营者进入相关市场能力的市场地位。

本条所称其他交易条件是指除商品价格、数量之外能够对市场交易产生实质影响的其他因素，包括商品品种、商品品质、付款条件、交付方式、售后服务、交易选择、技术约束等。

本条所称能够阻碍、影响其他经营者进入相关市场，包括排除其他经营者进入相关市场，或者延缓其他经营者在合理时间内进入相关市场，或者导致其他经营者虽能够进入该相关市场但进入成本大幅提高，无法与现有经营者开展有效竞争等情形。

第七条 根据反垄断法第二十三条第一项，确定经营者在相关市场的市场份额，可以考虑一定时期内经营者的特定商品销售金额、销售数量或者其他指标在相关市场所占的比重。

分析相关市场竞争状况，可以考虑相关市场的发展状况、现有竞争者的数量和市场份额、市场集中度、商品差异程度、创新和技术变化、销售和采购模式、潜在竞争者情况等因素。

第八条 根据反垄断法第二十三条第二项，确定经营者控制销售市场或者原材料采购市场的能力，可以考虑该经营者控制产业链上下游市场的能力，控制销售渠道或者采购渠道的能力，影响或者决定价格、数量、合同期限或者其他交易条件的能力，以及优先获得企业生产经营所必需的原料、半成品、零部件、相关设备以及需要投入的其他资源的能力等因素。

第九条 根据反垄断法第二十三条第三项，确定经营者的财力和技术条件，可以考虑该经营者的资产规模、盈利能力、融资能力、研发能力、技术装备、技术创新和应用能力、拥有的知识产权等，以及该财力和技术条件能够以何种方式和程度促进该经营者业务扩张或者巩固、维持市场地位等因素。

第十条 根据反垄断法第二十三条第四项，确定其他经营者对该经营者在交易上的依赖程度，可以考虑其他经营者与该经营者之间的交易关系、交易量、交易持续时间、在合理时间内转向其他交易相对人的难易程度等因素。

第十一条 根据反垄断法第二十三条第五项，确定其他经营者进入相关市场的难易程度，可以考虑市场准入、获取必要资源的难度、采购和销售渠道的控制情况、资金投入规模、技术壁垒、品牌依赖、用户转换成本、消费习惯等因素。

第十二条 根据反垄断法第二十三条和本规定第七条至第十一条规定认定平台经济领域经营者具有市场支配地位，还可以考虑相关行业竞争特点、经营模式、交易金额、交易数量、用户数量、网络效应、锁定效应、技术特性、市场创新、控制流量的能力、掌握和处理相关数据的能力及经营者在关联市场的市场力量等因素。

第十三条 认定两个以上的经营者具有市场支配地位，除考虑本规定第七条至第十二条规定的因素外，还应当考虑经营者行为一致性、市场结构、相关市场透明度、相关商品同质化程度等因素。

第十四条 禁止具有市场支配地位的经营者以不公平的高价销售商品或者以不公平的低价购买商品。

认定"不公平的高价"或者"不公平的低价"，可以考虑下列因素：

（一）销售价格或者购买价格是否明显高于或者明显低于其他经营者在相同或者相似市场条件下销售或者购买同种商品或者可比较商品的价格；

（二）销售价格或者购买价格是否明显高于或者明显低于

同一经营者在其他相同或者相似市场条件区域销售或者购买同种商品或者可比较商品的价格；

（三）在成本基本稳定的情况下，是否超过正常幅度提高销售价格或者降低购买价格；

（四）销售商品的提价幅度是否明显高于成本增长幅度，或者购买商品的降价幅度是否明显高于交易相对人成本降低幅度；

（五）需要考虑的其他相关因素。

涉及平台经济领域，还可以考虑平台涉及多边市场中各相关市场之间的成本关联情况及其合理性。

认定市场条件相同或者相似，应当考虑经营模式、销售渠道、供求状况、监管环境、交易环节、成本结构、交易情况、平台类型等因素。

第十五条 禁止具有市场支配地位的经营者没有正当理由，以低于成本的价格销售商品。

认定以低于成本的价格销售商品，应当重点考虑价格是否低于平均可变成本。平均可变成本是指随着生产的商品数量变化而变动的每单位成本。涉及平台经济领域，还可以考虑平台涉及多边市场中各相关市场之间的成本关联情况及其合理性。

本条所称"正当理由"包括：

（一）降价处理鲜活商品、季节性商品、有效期限即将到期的商品或者积压商品的；

（二）因清偿债务、转产、歇业降价销售商品的；

（三）在合理期限内为推广新商品进行促销的；

（四）能够证明行为具有正当性的其他理由。

第十六条 禁止具有市场支配地位的经营者没有正当理由，通过下列方式拒绝与交易相对人进行交易：

（一）实质性削减与交易相对人的现有交易数量；

（二）拖延、中断与交易相对人的现有交易；

（三）拒绝与交易相对人进行新的交易；

（四）通过设置交易相对人难以接受的价格、向交易相对人回购商品、与交易相对人进行其他交易等限制性条件，使交易相对人难以与其进行交易；

（五）拒绝交易相对人在生产经营活动中，以合理条件使用其必需设施。

在依据前款第五项认定经营者滥用市场支配地位时，应当综合考虑以合理的投入另行投资建设或者另行开发建造该设施的可行性、交易相对人有效开展生产经营活动对该设施的依赖程度、该经营者提供该设施的可能性以及对自身生产经营活动造成的影响等因素。

本条所称"正当理由"包括：

（一）因不可抗力等客观原因无法进行交易；

（二）交易相对人有不良信用记录或者出现经营状况恶化等情况，影响交易安全；

（三）与交易相对人进行交易将使经营者利益发生不当减损；

（四）交易相对人明确表示或者实际不遵守公平、合理、无歧视的平台规则；

（五）能够证明行为具有正当性的其他理由。

第十七条 禁止具有市场支配地位的经营者没有正当理由，从事下列限定交易行为：

（一）限定交易相对人只能与其进行交易；

（二）限定交易相对人只能与其指定的经营者进行交易；

（三）限定交易相对人不得与特定经营者进行交易。

从事上述限定交易行为可以是直接限定，也可以是采取惩罚性或者激励性措施等方式变相限定。

本条所称"正当理由"包括：

（一）为满足产品安全要求所必需；

（二）为保护知识产权、商业秘密或者数据安全所必需；

（三）为保护针对交易进行的特定投资所必需；

（四）为维护平台合理的经营模式所必需；

（五）能够证明行为具有正当性的其他理由。

第十八条 禁止具有市场支配地位的经营者没有正当理由

搭售商品，或者在交易时附加其他不合理的交易条件：

（一）违背交易惯例、消费习惯或者无视商品的功能，利用合同条款或者弹窗、操作必经步骤等交易相对人难以选择、更改、拒绝的方式，将不同商品捆绑销售或者组合销售；

（二）对合同期限、支付方式、商品的运输及交付方式或者服务的提供方式等附加不合理的限制；

（三）对商品的销售地域、销售对象、售后服务等附加不合理的限制；

（四）交易时在价格之外附加不合理费用；

（五）附加与交易标的无关的交易条件。

本条所称"正当理由"包括：

（一）符合正当的行业惯例和交易习惯；

（二）为满足产品安全要求所必需；

（三）为实现特定技术所必需；

（四）为保护交易相对人和消费者利益所必需；

（五）能够证明行为具有正当性的其他理由。

第十九条 禁止具有市场支配地位的经营者没有正当理由，对条件相同的交易相对人在交易条件上实行下列差别待遇：

（一）实行不同的交易价格、数量、品种、品质等级；

（二）实行不同的数量折扣等优惠条件；

（三）实行不同的付款条件、交付方式；

（四）实行不同的保修内容和期限、维修内容和时间、零配件供应、技术指导等售后服务条件。

条件相同是指交易相对人之间在交易安全、交易成本、规模和能力、信用状况、所处交易环节、交易持续时间等方面不存在实质性影响交易的差别。交易中依法获取的交易相对人的交易数据、个体偏好、消费习惯等方面存在的差异不影响认定交易相对人条件相同。

本条所称"正当理由"包括：

（一）根据交易相对人实际需求且符合正当的交易习惯和行业惯例，实行不同交易条件；

（二）针对新用户的首次交易在合理期限内开展的优惠活动；

（三）基于公平、合理、无歧视的平台规则实施的随机性交易；

（四）能够证明行为具有正当性的其他理由。

第二十条 市场监管总局认定其他滥用市场支配地位行为，应当同时符合下列条件：

（一）经营者具有市场支配地位；

（二）经营者实施了排除、限制竞争行为；

（三）经营者实施相关行为不具有正当理由；

（四）经营者相关行为对市场竞争具有排除、限制影响。

第二十一条 具有市场支配地位的经营者不得利用数据和算法、技术以及平台规则等从事本规定第十四条至第二十条规定的滥用市场支配地位行为。

第二十二条 反垄断执法机构认定本规定第十四条所称的"不公平"和第十五条至第二十条所称的"正当理由"，还应当考虑下列因素：

（一）有关行为是否为法律、法规所规定；

（二）有关行为对国家安全、网络安全等方面的影响；

（三）有关行为对经济运行效率、经济发展的影响；

（四）有关行为是否为经营者正常经营及实现正常效益所必需；

（五）有关行为对经营者业务发展、未来投资、创新方面的影响；

（六）有关行为是否能够使交易相对人或者消费者获益；

（七）有关行为对社会公共利益的影响。

第二十三条 供水、供电、供气、供热、电信、有线电视、邮政、交通运输等公用事业领域经营者应当依法经营，不得滥用其市场支配地位损害消费者利益和社会公共利益。

二、法律责任

《反垄断法》

第五十七条 经营者违反本法规定，滥用市场支配地位的，由反垄断执法机构责令停止违法行为，没收违法所得，并处上一年度销售额百分之一以上百分之十以下的罚款。

第五十九条 对本法第五十六条、第五十七条、第五十八条规定的罚款，反垄断执法机构确定具体罚款数额时，应当考虑违法行为的性质、程度、持续时间和消除违法行为后果的情况等因素。

第六十三条 违反本法规定，情节特别严重、影响特别恶劣、造成特别严重后果的，国务院反垄断执法机构可以在本法第五十六条、第五十七条、第五十八条、第六十二条规定的罚款数额的二倍以上五倍以下确定具体罚款数额。

第三节　经营者集中

一、行为类型

> 《反垄断法》
>
> **第二十五条**　经营者集中是指下列情形：
> （一）经营者合并；
> （二）经营者通过取得股权或者资产的方式取得对其他经营者的控制权；
> （三）经营者通过合同等方式取得对其他经营者的控制权或者能够对其他经营者施加决定性影响。
>
> **第二十六条**　经营者集中达到国务院规定的申报标准的，经营者应当事先向国务院反垄断执法机构申报，未申报的不得实施集中。
>
> 经营者集中未达到国务院规定的申报标准，但有证据证明该经营者集中具有或者可能具有排除、限制竞争效果的，国务院反垄断执法机构可以要求经营者申报。
>
> 经营者未依照前两款规定进行申报的，国务院反垄断执法机构应当依法进行调查。

第二十七条 经营者集中有下列情形之一的，可以不向国务院反垄断执法机构申报：

（一）参与集中的一个经营者拥有其他每个经营者百分之五十以上有表决权的股份或者资产的；

（二）参与集中的每个经营者百分之五十以上有表决权的股份或者资产被同一个未参与集中的经营者拥有的。

第二十八条 经营者向国务院反垄断执法机构申报集中，应当提交下列文件、资料：

（一）申报书；

（二）集中对相关市场竞争状况影响的说明；

（三）集中协议；

（四）参与集中的经营者经会计师事务所审计的上一会计年度财务会计报告；

（五）国务院反垄断执法机构规定的其他文件、资料。

申报书应当载明参与集中的经营者的名称、住所、经营范围、预定实施集中的日期和国务院反垄断执法机构规定的其他事项。

第二十九条 经营者提交的文件、资料不完备的，应当在国务院反垄断执法机构规定的期限内补交文件、资料。经营者逾期未补交文件、资料的，视为未申报。

第三十条 国务院反垄断执法机构应当自收到经营者提交

的符合本法第二十八条规定的文件、资料之日起三十日内，对申报的经营者集中进行初步审查，作出是否实施进一步审查的决定，并书面通知经营者。国务院反垄断执法机构作出决定前，经营者不得实施集中。

国务院反垄断执法机构作出不实施进一步审查的决定或者逾期未作出决定的，经营者可以实施集中。

第三十一条 国务院反垄断执法机构决定实施进一步审查的，应当自决定之日起九十日内审查完毕，作出是否禁止经营者集中的决定，并书面通知经营者。作出禁止经营者集中的决定，应当说明理由。审查期间，经营者不得实施集中。

有下列情形之一的，国务院反垄断执法机构经书面通知经营者，可以延长前款规定的审查期限，但最长不得超过六十日：

（一）经营者同意延长审查期限的；

（二）经营者提交的文件、资料不准确，需要进一步核实的；

（三）经营者申报后有关情况发生重大变化的。

国务院反垄断执法机构逾期未作出决定的，经营者可以实施集中。

第三十二条 有下列情形之一的，国务院反垄断执法机构可以决定中止计算经营者集中的审查期限，并书面通知经营者：

（一）经营者未按照规定提交文件、资料，导致审查工作无法进行；

（二）出现对经营者集中审查具有重大影响的新情况、新事实，不经核实将导致审查工作无法进行；

（三）需要对经营者集中附加的限制性条件进一步评估，且经营者提出中止请求。

自中止计算审查期限的情形消除之日起，审查期限继续计算，国务院反垄断执法机构应当书面通知经营者。

第三十三条 审查经营者集中，应当考虑下列因素：

（一）参与集中的经营者在相关市场的市场份额及其对市场的控制力；

（二）相关市场的市场集中度；

（三）经营者集中对市场进入、技术进步的影响；

（四）经营者集中对消费者和其他有关经营者的影响；

（五）经营者集中对国民经济发展的影响；

（六）国务院反垄断执法机构认为应当考虑的影响市场竞争的其他因素。

第三十四条 经营者集中具有或者可能具有排除、限制竞争效果的，国务院反垄断执法机构应当作出禁止经营者集中的决定。但是，经营者能够证明该集中对竞争产生的有利影响明显大于不利影响，或者符合社会公共利益的，国务院反垄断执法机构可以作出对经营者集中不予禁止的决定。

第三十五条 对不予禁止的经营者集中，国务院反垄断执法机构可以决定附加减少集中对竞争产生不利影响的限制性条件。

第三十六条 国务院反垄断执法机构应当将禁止经营者集中的决定或者对经营者集中附加限制性条件的决定，及时向社会公布。

第三十七条 国务院反垄断执法机构应当健全经营者集中分类分级审查制度，依法加强对涉及国计民生等重要领域的经营者集中的审查，提高审查质量和效率。

第三十八条 对外资并购境内企业或者以其他方式参与经营者集中，涉及国家安全的，除依照本法规定进行经营者集中审查外，还应当按照国家有关规定进行国家安全审查。

第六十五条 对反垄断执法机构依据本法第三十四条、第三十五条作出的决定不服的，可以先依法申请行政复议；对行政复议决定不服的，可以依法提起行政诉讼。

对反垄断执法机构作出的前款规定以外的决定不服的，可以依法申请行政复议或者提起行政诉讼。

《国务院关于经营者集中申报标准的规定》[1]

第二条 经营者集中是指下列情形：

（一）经营者合并；

（二）经营者通过取得股权或者资产的方式取得对其他经营者的控制权；

（三）经营者通过合同等方式取得对其他经营者的控制权或者能够对其他经营者施加决定性影响。

第三条 经营者集中达到下列标准之一的，经营者应当事先向国务院反垄断执法机构申报，未申报的不得实施集中：

（一）参与集中的所有经营者上一会计年度在全球范围内的营业额合计超过120亿元人民币，并且其中至少两个经营者上一会计年度在中国境内的营业额均超过8亿元人民币；

（二）参与集中的所有经营者上一会计年度在中国境内的营业额合计超过40亿元人民币，并且其中至少两个经营者上一会计年度在中国境内的营业额均超过8亿元人民币。

营业额的计算，应当考虑银行、保险、证券、期货等特殊

---

[1] 2023年12月29日国务院第22次常务会议修订通过，2024年1月22日中华人民共和国国务院令第773号公布，自公布之日起施行。

行业、领域的实际情况，具体办法由国务院反垄断执法机构会同国务院有关部门制定。

第四条 经营者集中未达到本规定第三条规定的申报标准，但有证据证明该经营者集中具有或者可能具有排除、限制竞争效果的，国务院反垄断执法机构可以要求经营者申报。

第五条 经营者未依照本规定第三条和第四条规定进行申报的，国务院反垄断执法机构应当依法进行调查。

第六条 国务院反垄断执法机构应当根据经济发展情况，对本规定确定的申报标准的实施情况进行评估。

二、法律责任

《反垄断法》

第五十八条 经营者违反本法规定实施集中，且具有或者可能具有排除、限制竞争效果的，由国务院反垄断执法机构责令停止实施集中、限期处分股份或者资产、限期转让营业以及采取其他必要措施恢复到集中前的状态，处上一年度销售额百分之十以下的罚款；不具有排除、限制竞争效果的，处五百万元以下的罚款。

第五十九条 对本法第五十六条、第五十七条、第五十八条规定的罚款，反垄断执法机构确定具体罚款数额时，应当考虑违法行为的性质、程度、持续时间和消除违法行为后果的情况等因素。

第六十三条 违反本法规定，情节特别严重、影响特别恶劣、造成特别严重后果的，国务院反垄断执法机构可以在本法第五十六条、第五十七条、第五十八条、第六十二条规定的罚款数额的二倍以上五倍以下确定具体罚款数额。

第四节　滥用行政权力排除、限制竞争

一、行为类型

《反垄断法》

第三十九条 行政机关和法律、法规授权的具有管理公共事务职能的组织不得滥用行政权力，限定或者变相限定单位或者个人经营、购买、使用其指定的经营者提供的商品。

第四十条 行政机关和法律、法规授权的具有管理公共事务职能的组织不得滥用行政权力，通过与经营者签订合作协

议、备忘录等方式，妨碍其他经营者进入相关市场或者对其他经营者实行不平等待遇，排除、限制竞争。

第四十一条 行政机关和法律、法规授权的具有管理公共事务职能的组织不得滥用行政权力，实施下列行为，妨碍商品在地区之间的自由流通：

（一）对外地商品设定歧视性收费项目、实行歧视性收费标准，或者规定歧视性价格；

（二）对外地商品规定与本地同类商品不同的技术要求、检验标准，或者对外地商品采取重复检验、重复认证等歧视性技术措施，限制外地商品进入本地市场；

（三）采取专门针对外地商品的行政许可，限制外地商品进入本地市场；

（四）设置关卡或者采取其他手段，阻碍外地商品进入或者本地商品运出；

（五）妨碍商品在地区之间自由流通的其他行为。

第四十二条 行政机关和法律、法规授权的具有管理公共事务职能的组织不得滥用行政权力，以设定歧视性资质要求、评审标准或者不依法发布信息等方式，排斥或者限制经营者参加招标投标以及其他经营活动。

第四十三条 行政机关和法律、法规授权的具有管理公共事务职能的组织不得滥用行政权力，采取与本地经营者不平等待遇等方式，排斥、限制、强制或者变相强制外地经营者在本地投资或者设立分支机构。

第四十四条 行政机关和法律、法规授权的具有管理公共事务职能的组织不得滥用行政权力，强制或者变相强制经营者从事本法规定的垄断行为。

第四十五条 行政机关和法律、法规授权的具有管理公共事务职能的组织不得滥用行政权力，制定含有排除、限制竞争内容的规定。

《制止滥用行政权力排除、限制竞争行为规定》[①]

第二条 国家市场监督管理总局（以下简称市场监管总局）负责滥用行政权力排除、限制竞争行为的反垄断统一执法工作。

市场监管总局根据反垄断法第十三条第二款规定，授权各省、自治区、直辖市人民政府市场监督管理部门（以下称省级市场监管部门）负责本行政区域内滥用行政权力排除、限制竞争行为的反垄断执法工作。

本规定所称反垄断执法机构包括市场监管总局和省级市场

---

① 2023年2月20日国家市场监督管理总局第2次局务会议通过，2023年3月10日国家市场监督管理总局令第64号公布，自2023年4月15日起施行。

监管部门。

第三条 市场监管总局负责对下列滥用行政权力排除、限制竞争行为进行调查，提出依法处理的建议（以下简称查处）：

（一）在全国范围内有影响的；

（二）省级人民政府实施的；

（三）案情较为复杂或者市场监管总局认为有必要直接查处的。

前款所列的滥用行政权力排除、限制竞争行为，市场监管总局可以指定省级市场监管部门查处。

省级市场监管部门查处滥用行政权力排除、限制竞争行为时，发现不属于本部门查处范围，或者虽属于本部门查处范围，但有必要由市场监管总局查处的，应当及时报告市场监管总局。

第四条 行政机关和法律、法规授权的具有管理公共事务职能的组织不得滥用行政权力，实施下列行为，限定或者变相限定单位或者个人经营、购买、使用其指定的经营者提供的商品或者服务（以下统称商品）：

（一）以明确要求、暗示、拒绝或者拖延行政审批、备案、重复检查、不予接入平台或者网络等方式，限定或者变相限定经营、购买、使用特定经营者提供的商品；

（二）通过限制投标人所在地、所有制形式、组织形式等方式，限定或者变相限定经营、购买、使用特定经营者提供的商品；

（三）通过设置不合理的项目库、名录库、备选库、资格库等方式，限定或者变相限定经营、购买、使用特定经营者提供的商品；

（四）限定或者变相限定单位或者个人经营、购买、使用其指定的经营者提供的商品的其他行为。

第五条 行政机关和法律、法规授权的具有管理公共事务职能的组织不得滥用行政权力，通过与经营者签订合作协议、备忘录等方式，妨碍其他经营者进入相关市场或者对其他经营者实行不平等待遇，排除、限制竞争。

第六条 行政机关和法律、法规授权的具有管理公共事务职能的组织不得滥用行政权力，实施下列行为，妨碍商品在地区之间的自由流通：

（一）对外地商品设定歧视性收费项目、实行歧视性收费标准，或者规定歧视性价格、实行歧视性补贴政策；

（二）对外地商品规定与本地同类商品不同的技术要求、检验标准，或者对外地商品采取重复检验、重复认证等歧视性技术措施，阻碍、限制外地商品进入本地市场；

（三）采取专门针对外地商品的行政许可，或者对外地商品实施行政许可时，设定不同的许可条件、程序、期限等，阻碍、限制外地商品进入本地市场；

（四）设置关卡、通过软件或者互联网设置屏蔽等手段，阻碍、限制外地商品进入或者本地商品运出；

（五）妨碍商品在地区之间自由流通的其他行为。

第七条 行政机关和法律、法规授权的具有管理公共事务职能的组织不得滥用行政权力，实施下列行为，排斥或者限制经营者参加招标投标以及其他经营活动：

（一）不依法发布招标投标等信息；

（二）排斥或者限制外地经营者参与本地特定的招标投标活动和其他经营活动；

（三）设定歧视性的资质要求或者评审标准；

（四）设定与实际需要不相适应或者与合同履行无关的资格、技术和商务条件；

（五）排斥或者限制经营者参加招标投标以及其他经营活动的其他行为。

第八条 行政机关和法律、法规授权的具有管理公共事务职能的组织不得滥用行政权力，实施下列行为，排斥、限制、强制或者变相强制外地经营者在本地投资或者设立分支机构：

（一）拒绝、强制或者变相强制外地经营者在本地投资或者设立分支机构；

（二）对外地经营者在本地投资的规模、方式以及设立分支机构的地址、商业模式等进行限制或者提出不合理要求；

（三）对外地经营者在本地的投资或者设立的分支机构在投资、经营规模、经营方式、税费缴纳等方面规定与本地经营者不同的要求，在安全生产、节能环保、质量标准、行政审批、备案等方面实行歧视性待遇；

（四）排斥、限制、强制或者变相强制外地经营者在本地投资或者设立分支机构的其他行为。

第九条 行政机关和法律、法规授权的具有管理公共事务职能的组织不得滥用行政权力，强制或者变相强制经营者从事反垄断法规定的垄断行为。

第十条 行政机关和法律、法规授权的具有管理公共事务职能的组织不得滥用行政权力，以办法、决定、公告、通知、意见、会议纪要、函件等形式，制定、发布含有排除、限制竞争内容的规定。

二、法律责任

《反垄断法》

第六十一条 行政机关和法律、法规授权的具有管理公共事务职能的组织滥用行政权力，实施排除、限制竞争行为的，由上级机关责令改正；对直接负责的主管人员和其他直接责任人员依法给予处分。反垄断执法机构可以向有关上级机关提出依法处理的建议。行政机关和法律、法规授权的具有管理公共事务职能的组织应当将有关改正情况书面报告上级机关和反垄断执法机构。

法律、行政法规对行政机关和法律、法规授权的具有管理公共事务职能的组织滥用行政权力实施排除、限制竞争行为的处理另有规定的，依照其规定。

第五节　相关市场的范围

《国务院反垄断委员会关于相关市场界定的指南》[①]

第二条　界定相关市场的作用

任何竞争行为（包括具有或可能具有排除、限制竞争效果的行为）均发生在一定的市场范围内。界定相关市场就是明确经营者竞争的市场范围。在禁止经营者达成垄断协议、禁止经营者滥用市场支配地位、控制具有或者可能具有排除、限制竞争效果的经营者集中等反垄断执法工作中，均可能涉及相关市

---

① 2009年5月24日公布。

场的界定问题。

科学合理地界定相关市场，对识别竞争者和潜在竞争者、判定经营者市场份额和市场集中度、认定经营者的市场地位、分析经营者的行为对市场竞争的影响、判断经营者行为是否违法以及在违法情况下需承担的法律责任等关键问题，具有重要的作用。因此，相关市场的界定通常是对竞争行为进行分析的起点，是反垄断执法工作的重要步骤。

第三条　相关市场的含义

相关市场是指经营者在一定时期内就特定商品或者服务（以下统称商品）进行竞争的商品范围和地域范围。在反垄断执法实践中，通常需要界定相关商品市场和相关地域市场。

相关商品市场，是根据商品的特性、用途及价格等因素，由需求者认为具有较为紧密替代关系的一组或一类商品所构成的市场。这些商品表现出较强的竞争关系，在反垄断执法中可以作为经营者进行竞争的商品范围。

相关地域市场，是指需求者获取具有较为紧密替代关系的商品的地理区域。这些地域表现出较强的竞争关系，在反垄断执法中可以作为经营者进行竞争的地域范围。

当生产周期、使用期限、季节性、流行时尚性或知识产权保护期限等已构成商品不可忽视的特征时，界定相关市场还应考虑时间性。

在技术贸易、许可协议等涉及知识产权的反垄断执法工作中，可能还需要界定相关技术市场，考虑知识产权、创新等因素的影响。

第四条 替代性分析

在反垄断执法实践中，相关市场范围的大小主要取决于商品（地域）的可替代程度。

在市场竞争中对经营者行为构成直接和有效竞争约束的，是市场里存在需求者认为具有较强替代关系的商品或能够提供这些商品的地域，因此，界定相关市场主要从需求者角度进行需求替代分析。当供给替代对经营者行为产生的竞争约束类似于需求替代时，也应考虑供给替代。

第五条 需求替代

需求替代是根据需求者对商品功能用途的需求、质量的认可、价格的接受以及获取的难易程度等因素，从需求者的角度确定不同商品之间的替代程度。

原则上，从需求者角度来看，商品之间的替代程度越高，竞争关系就越强，就越可能属于同一相关市场。

第六条 供给替代

供给替代是根据其他经营者改造生产设施的投入、承担的风险、进入目标市场的时间等因素，从经营者的角度确定不同商品之间的替代程度。

原则上，其他经营者生产设施改造的投入越少，承担的额外风险越小，提供紧密替代商品越迅速，则供给替代程度就越高，界定相关市场尤其在识别相关市场参与者时就应考虑供给替代。

第七条 界定相关市场的方法概述

界定相关市场的方法不是唯一的。在反垄断执法实践中，根据实际情况，可能使用不同的方法。界定相关市场时，可以基于商品的特征、用途、价格等因素进行需求替代分析，必要时进行供给替代分析。在经营者竞争的市场范围不够清晰或不易确定时，可以按照"假定垄断者测试"的分析思路（具体见第十条）来界定相关市场。

反垄断执法机构鼓励经营者根据案件具体情况运用客观、真实的数据，借助经济学分析方法来界定相关市场。

无论采用何种方法界定相关市场，都要始终把握商品满足消费者需求的基本属性，并以此作为对相关市场界定中出现明显偏差时进行校正的依据。

第八条 界定相关商品市场考虑的主要因素

从需求替代角度界定相关商品市场，可以考虑的因素包括但不限于以下各方面：

（一）需求者因商品价格或其他竞争因素变化，转向或考虑转向购买其他商品的证据。

（二）商品的外形、特性、质量和技术特点等总体特征和用途。商品可能在特征上表现出某些差异，但需求者仍可以基于商品相同或相似的用途将其视为紧密替代品。

（三）商品之间的价格差异。通常情况下，替代性较强的商品价格比较接近，而且在价格变化时表现出同向变化趋势。在分析价格时，应排除与竞争无关的因素引起价格变化的情况。

（四）商品的销售渠道。销售渠道不同的商品面对的需求者可能不同，相互之间难以构成竞争关系，则成为相关商品的可能性较小。

（五）其他重要因素。如，需求者偏好或需求者对商品的依赖程度；可能阻碍大量需求者转向某些紧密替代商品的障碍、风险和成本；是否存在区别定价等。

从供给角度界定相关商品市场，一般考虑的因素包括：其他经营者对商品价格等竞争因素的变化做出反应的证据；其他经营者的生产流程和工艺，转产的难易程度，转产需要的时间，转产的额外费用和风险，转产后所提供商品的市场竞争力，营销渠道等。

任何因素在界定相关商品市场时的作用都不是绝对的，可以根据案件的不同情况有所侧重。

第九条 界定相关地域市场考虑的主要因素

从需求替代角度界定相关地域市场，可以考虑的因素包括但不限于以下各方面：

（一）需求者因商品价格或其他竞争因素变化，转向或考虑转向其他地域购买商品的证据。

（二）商品的运输成本和运输特征。相对于商品价格来说，运输成本越高，相关地域市场的范围越小，如水泥等商品；商品的运输特征也决定了商品的销售地域，如需要管道运输的工业气体等商品。

（三）多数需求者选择商品的实际区域和主要经营者商品的销售分布。

（四）地域间的贸易壁垒，包括关税、地方性法规、环保因素、技术因素等。如关税相对商品的价格来说比较高时，则相关地域市场很可能是一个区域性市场。

（五）其他重要因素。如，特定区域需求者偏好；商品运进和运出该地域的数量。

从供给角度界定相关地域市场时，一般考虑的因素包括：其他地域的经营者对商品价格等竞争因素的变化做出反应的证据；其他地域的经营者供应或销售相关商品的即时性和可行性，如将订单转向其他地域经营者的转换成本等。

第十条 假定垄断者测试的基本思路

假定垄断者测试是界定相关市场的一种分析思路，可以帮助解决相关市场界定中可能出现的不确定性，目前为各国和地区制定反垄断指南时普遍采用。依据这种思路，人们可以借助经济学工具分析所获取的相关数据，确定假定垄断者可以将价格维持在高于竞争价格水平的最小商品集合和地域范围，从而界定相关市场。

假定垄断者测试一般先界定相关商品市场。首先从反垄断审查关注的经营者提供的商品（目标商品）开始考虑，假设该经营者是以利润最大化为经营目标的垄断者（假定垄断者），那么要分析的问题是，在其他商品的销售条件保持不变的情况下，假定垄断者能否持久地（一般为1年）小幅（一般为5%—10%）提高目标商品的价格。目标商品涨价会导致需求者转向购买具有紧密替代关系的其他商品，从而引起假定垄断者销售量下降。如果目标商品涨价后，即使假定垄断者销售量下降，但其仍然有利可图，则目标商品就构成相关商品市场。

如果涨价引起需求者转向具有紧密替代关系的其他商品，使假定垄断者的涨价行为无利可图，则需要把该替代商品增加到相关商品市场中，该替代商品与目标商品形成商品集合。接下来分析如果该商品集合涨价，假定垄断者是否仍有利可图。如果答案是肯定的，那么该商品集合就构成相关商品市场；否则还需要继续进行上述分析过程。

随着商品集合越来越大，集合内商品与集合外商品的替代性越来越小，最终会出现某一商品集合，假定垄断者可以通过涨价实现盈利，由此便界定出相关商品市场。

界定相关地域市场与界定相关商品市场的思路相同。首先从反垄断审查关注的经营者经营活动的地域（目标地域）开始，要分析的问题是，在其他地域的销售条件不变的情况下，假定垄断者对目标地域内的相关商品进行持久（一般为1年）小幅涨价（一般为5%—10%）是否有利可图。如果答案是肯定的，目标地域就构成相关地域市场；如果其他地域市场的强烈替代使得涨价无利可图，就需要扩大地域范围，直到涨价最终有利可图，该地域就是相关地域市场。

第十一条 假定垄断者测试的几个实际问题

原则上，在使用假定垄断者测试界定相关市场时，选取的基准价格应为充分竞争的当前市场价格。但在滥用市场支配地位、共谋行为和已经存在共谋行为的经营者集中案件中，当前价格明显偏离竞争价格，选择当前价格作为基准价格会使相关市场界定的结果不合理。在此情况下，应该对当前价格进行调整，使用更具有竞争性的价格。

此外，一般情况下，价格上涨幅度为5%—10%，但在执法实践中，可以根据案件涉及行业的不同情况，对价格小幅上涨的幅度进行分析确定。

在经营者小幅提价时，并不是所有需求者（或地域）的替代反应都是相同的。在替代反应不同的情况下，可以对不同需求者群体（或地域）进行不同幅度的测试。此时，相关市场界定还需要考虑需求者群体和特定地域的情况。

第六节　法律责任综合规定

《反垄断法》

第六十条　经营者实施垄断行为，给他人造成损失的，依法承担民事责任。

经营者实施垄断行为，损害社会公共利益的，设区的市级以上人民检察院可以依法向人民法院提起民事公益诉讼。

第六十二条　对反垄断执法机构依法实施的审查和调查，拒绝提供有关材料、信息，或者提供虚假材料、信息，或者隐匿、销毁、转移证据，或者有其他拒绝、阻碍调查行为的，由反垄断执法机构责令改正，对单位处上一年度销售额百分之一以下的罚款，上一年度没有销售额或者销售额难以计算的，处五百万元以下的罚款；对个人处五十万元以下的罚款。

第六十四条　经营者因违反本法规定受到行政处罚的，按照国家有关规定记入信用记录，并向社会公示。

第六十六条 反垄断执法机构工作人员滥用职权、玩忽职守、徇私舞弊或者泄露执法过程中知悉的商业秘密、个人隐私和个人信息的,依法给予处分。

第六十七条 违反本法规定,构成犯罪的,依法追究刑事责任。

第七节 不适用《反垄断法》的情形

《反垄断法》

第六十八条 经营者依照有关知识产权的法律、行政法规规定行使知识产权的行为,不适用本法;但是,经营者滥用知识产权,排除、限制竞争的行为,适用本法。

第六十九条 农业生产者及农村经济组织在农产品生产、加工、销售、运输、储存等经营活动中实施的联合或者协同行为,不适用本法。

第二章　对涉嫌垄断行为的调查及处理

第一节　反垄断调查程序

《反垄断法》

第四十六条　反垄断执法机构依法对涉嫌垄断行为进行调查。

对涉嫌垄断行为，任何单位和个人有权向反垄断执法机构举报。反垄断执法机构应当为举报人保密。

举报采用书面形式并提供相关事实和证据的，反垄断执法机构应当进行必要的调查。

第四十七条　反垄断执法机构调查涉嫌垄断行为，可以采取下列措施：

（一）进入被调查的经营者的营业场所或者其他有关场所进行检查；

（二）询问被调查的经营者、利害关系人或者其他有关单位或者个人，要求其说明有关情况；

（三）查阅、复制被调查的经营者、利害关系人或者其他有关单位或者个人的有关单证、协议、会计账簿、业务函电、电子数据等文件、资料；

（四）查封、扣押相关证据；

（五）查询经营者的银行账户。

采取前款规定的措施，应当向反垄断执法机构主要负责人书面报告，并经批准。

第四十八条 反垄断执法机构调查涉嫌垄断行为，执法人员不得少于二人，并应当出示执法证件。

执法人员进行询问和调查，应当制作笔录，并由被询问人或者被调查人签字。

第四十九条 反垄断执法机构及其工作人员对执法过程中知悉的商业秘密、个人隐私和个人信息依法负有保密义务。

第五十条 被调查的经营者、利害关系人或者其他有关单位或者个人应当配合反垄断执法机构依法履行职责，不得拒绝、阻碍反垄断执法机构的调查。

第五十一条 被调查的经营者、利害关系人有权陈述意见。反垄断执法机构应当对被调查的经营者、利害关系人提出的事实、理由和证据进行核实。

第五十二条 反垄断执法机构对涉嫌垄断行为调查核实后，认为构成垄断行为的，应当依法作出处理决定，并可以向社会公布。

第五十三条 对反垄断执法机构调查的涉嫌垄断行为，被调查的经营者承诺在反垄断执法机构认可的期限内采取具体措施消除该行为后果的，反垄断执法机构可以决定中止调查。中止调查的决定应当载明被调查的经营者承诺的具体内容。

反垄断执法机构决定中止调查的，应当对经营者履行承诺的情况进行监督。经营者履行承诺的，反垄断执法机构可以决定终止调查。

有下列情形之一的，反垄断执法机构应当恢复调查：

（一）经营者未履行承诺的；

（二）作出中止调查决定所依据的事实发生重大变化的；

（三）中止调查的决定是基于经营者提供的不完整或者不真实的信息作出的。

第五十四条 反垄断执法机构依法对涉嫌滥用行政权力排除、限制竞争的行为进行调查，有关单位或者个人应当配合。

第五十五条 经营者、行政机关和法律、法规授权的具有管理公共事务职能的组织，涉嫌违反本法规定的，反垄断执法机构可以对其法定代表人或者负责人进行约谈，要求其提出改进措施。

《禁止垄断协议规定》

第二十二条 反垄断执法机构依据职权，或者通过举报、上级机关交办、其他机关移送、下级机关报告、经营者主动报告等途径，发现涉嫌垄断协议。

第二十三条　举报采用书面形式并提供相关事实和证据的，反垄断执法机构应当进行必要的调查。书面举报一般包括下列内容：

（一）举报人的基本情况；

（二）被举报人的基本情况；

（三）涉嫌垄断协议的相关事实和证据；

（四）是否就同一事实已向其他行政机关举报或者向人民法院提起诉讼。

反垄断执法机构根据工作需要，可以要求举报人补充举报材料。

对于采用书面形式的实名举报，反垄断执法机构在案件调查处理完毕后，可以根据举报人的书面请求依法向其反馈举报处理结果。

第二十四条　反垄断执法机构经过对涉嫌垄断协议的必要调查，符合下列条件的，应当立案：

（一）有证据初步证明经营者达成垄断协议；

（二）属于本部门查处范围；

（三）在给予行政处罚的法定期限内。

省级市场监管部门应当自立案之日起七个工作日内向市场

监管总局备案。

第二十五条 市场监管总局在查处垄断协议时，可以委托省级市场监管部门进行调查。

省级市场监管部门在查处垄断协议时，可以委托下级市场监管部门进行调查。

受委托的市场监管部门在委托范围内，以委托机关的名义实施调查，不得再委托其他行政机关、组织或者个人进行调查。

第二十六条 省级市场监管部门查处垄断协议时，可以根据需要商请相关省级市场监管部门协助调查，相关省级市场监管部门应当予以协助。

第二十七条 反垄断执法机构对垄断协议进行行政处罚的，应当在作出行政处罚决定之前，书面告知当事人拟作出的行政处罚内容及事实、理由、依据，并告知当事人依法享有的陈述权、申辩权和要求听证的权利。

第二十八条 反垄断执法机构在告知当事人拟作出的行政处罚决定后，应当充分听取当事人的意见，对当事人提出的事实、理由和证据进行复核。

第二十九条 反垄断执法机构对垄断协议作出行政处罚决定，应当依法制作行政处罚决定书，并加盖本部门印章。

行政处罚决定书的内容包括：

（一）当事人的姓名或者名称、地址等基本情况；

（二）案件来源及调查经过；

（三）违反法律、法规、规章的事实和证据；

（四）当事人陈述、申辩的采纳情况及理由；

（五）行政处罚的内容和依据；

（六）行政处罚的履行方式和期限；

（七）申请行政复议、提起行政诉讼的途径和期限；

（八）作出行政处罚决定的反垄断执法机构的名称和作出决定的日期。

第三十条 反垄断执法机构认定被调查的垄断协议属于反垄断法第二十条规定情形的，应当终止调查并制作终止调查决定书。终止调查决定书应当载明协议的基本情况、适用反垄断法第二十条的依据和理由等。

反垄断执法机构作出终止调查决定后，因情况发生重大变化，导致被调查的协议不再符合反垄断法第二十条规定情形的，反垄断执法机构应当依法开展调查。

第三十一条 涉嫌垄断协议的经营者在被调查期间，可以提出中止调查申请，承诺在反垄断执法机构认可的期限内采取具体措施消除行为影响。

中止调查申请应当以书面形式提出，并由经营者负责人签字并盖章。申请书应当载明下列事项：

（一）涉嫌垄断协议的事实；

（二）承诺采取消除行为后果的具体措施；

（三）履行承诺的时限；

（四）需要承诺的其他内容。

第三十二条 反垄断执法机构根据被调查经营者的中止调查申请，在考虑行为的性质、持续时间、后果、社会影响、经营者承诺的措施及其预期效果等具体情况后，决定是否中止调查。

反垄断执法机构对涉嫌垄断协议调查核实后，认为构成垄断协议的，不得中止调查，应当依法作出处理决定。

对于符合本规定第八条至第十条规定的涉嫌垄断协议，反垄断执法机构不得接受中止调查申请。

第三十三条 反垄断执法机构决定中止调查的，应当制作中止调查决定书。

中止调查决定书应当载明被调查经营者涉嫌达成垄断协议的事实、承诺的具体内容、消除影响的具体措施、履行承诺的时限以及未履行或者未完全履行承诺的法律后果等内容。

第三十四条 决定中止调查的，反垄断执法机构应当对经营者履行承诺的情况进行监督。

经营者应当在规定的时限内向反垄断执法机构书面报告承

诺履行情况。

第三十五条 反垄断执法机构确定经营者已经履行承诺的，可以决定终止调查，并制作终止调查决定书。

终止调查决定书应当载明被调查经营者涉嫌垄断协议的事实、作出中止调查决定的情况、承诺的具体内容、履行承诺的情况、监督情况等内容。

有下列情形之一的，反垄断执法机构应当恢复调查：

（一）经营者未履行或者未完全履行承诺的；

（二）作出中止调查决定所依据的事实发生重大变化的；

（三）中止调查决定是基于经营者提供的不完整或者不真实的信息作出的。

第三十六条 经营者涉嫌违反本规定的，反垄断执法机构可以对其法定代表人或者负责人进行约谈。

约谈应当指出经营者涉嫌达成垄断协议的问题，听取情况说明，开展提醒谈话，并可以要求其提出改进措施，消除行为危害后果。

经营者应当按照反垄断执法机构要求进行改进，提出消除行为危害后果的具体措施、履行时限等，并提交书面报告。

第三十七条 经营者达成或者组织其他经营者达成垄断协议，或者为其他经营者达成垄断协议提供实质性帮助，主动向反垄断执法机构报告有关情况并提供重要证据的，可以申请依法减轻或者免除处罚。

经营者应当在反垄断执法机构行政处罚告知前，向反垄断执法机构提出申请。

申请材料应当包括以下内容：

（一）垄断协议有关情况的报告，包括但不限于参与垄断协议的经营者、涉及的商品范围、达成协议的内容和方式、协议的具体实施情况、是否向其他境外执法机构提出申请等。

（二）达成或者实施垄断协议的重要证据。重要证据是指反垄断执法机构尚未掌握的，能够对立案调查或者对认定垄断协议起到关键性作用的证据。

经营者的法定代表人、主要负责人和直接责任人员对达成垄断协议负有个人责任的，适用本条规定。

第三十八条 经营者根据本规定第三十七条提出申请的，反垄断执法机构应当根据经营者主动报告的时间顺序、提供证据的重要程度以及达成、实施垄断协议的有关情况，决定是否减轻或者免除处罚。

第三十九条 省级市场监管部门作出不予行政处罚决定、中止调查决定、恢复调查决定、终止调查决定或者行政处罚告知前，应当向市场监管总局报告，接受市场监管总局的指导和监督。

省级市场监管部门向被调查经营者送达不予行政处罚决定

书、中止调查决定书、恢复调查决定书、终止调查决定书或者行政处罚决定书后，应当在七个工作日内向市场监管总局备案。

第四十条 反垄断执法机构作出行政处理决定后，依法向社会公布。行政处罚信息应当依法通过国家企业信用信息公示系统向社会公示。

第四十一条 市场监管总局应当加强对省级市场监管部门查处垄断协议的指导和监督，统一执法程序和标准。

省级市场监管部门应当严格按照市场监管总局相关规定查处垄断协议案件。

第四十二条 经营者违反本规定，达成并实施垄断协议的，由反垄断执法机构责令停止违法行为，没收违法所得，并处上一年度销售额百分之一以上百分之十以下的罚款，上一年度没有销售额的，处五百万元以下的罚款；尚未实施所达成的垄断协议的，可以处三百万元以下的罚款。

经营者的法定代表人、主要负责人和直接责任人员对达成垄断协议负有个人责任的，可以处一百万元以下的罚款。

第四十三条 经营者组织其他经营者达成垄断协议或者为其他经营者达成垄断协议提供实质性帮助的，适用本规定第四十二条规定。

第四十四条 行业协会违反本规定，组织本行业的经营者达成垄断协议的，由反垄断执法机构责令改正，可以处三百万元以下的罚款；情节严重的，反垄断执法机构可以提请社会团体登记管理机关依法撤销登记。

第四十五条 反垄断执法机构确定具体罚款数额时，应当考虑违法行为的性质、程度、持续时间和消除违法行为后果的情况等因素。

违反本规定，情节特别严重、影响特别恶劣、造成特别严重后果的，市场监管总局可以在本规定第四十二条、第四十三条、第四十四条规定的罚款数额的二倍以上五倍以下确定具体罚款数额。

第四十六条 经营者因行政机关和法律、法规授权的具有管理公共事务职能的组织滥用行政权力而达成垄断协议的，按照本规定第四十二条、第四十三条、第四十四条、第四十五条处理。经营者能够证明其受行政机关和法律、法规授权的具有管理公共事务职能的组织滥用行政权力强制或者变相强制达成垄断协议的，可以依法从轻或者减轻处罚。

第四十七条 经营者根据本规定第三十七条主动向反垄断执法机构报告达成垄断协议的有关情况并提供重要证据的，反垄断执法机构可以按照下列幅度减轻或者免除对其处罚：对于第一个申请者，反垄断执法机构可以免除处罚或者按照不低于百分之八十的幅度减轻处罚；对于第二个申请者，可以按照百分之三十至百分之五十的幅度减轻处罚；对于第三个申请者，可以按照百分之二十至百分之三十的幅度减轻处罚。

在垄断协议达成中起主要作用，或者胁迫其他经营者参与达成、实施垄断协议，或者妨碍其他经营者停止该违法行为的，反垄断执法机构不得免除对其处罚。

负有个人责任的经营者法定代表人、主要负责人和直接责任人员，根据本规定第三十七条主动向反垄断执法机构报告达成垄断协议的有关情况并提供重要证据的，反垄断执法机构可以对其减轻百分之五十的处罚或者免除处罚。

第四十八条 反垄断执法机构工作人员滥用职权、玩忽职守、徇私舞弊或者泄露执法过程中知悉的商业秘密、个人隐私和个人信息的，依照有关规定处理。

第四十九条 反垄断执法机构在调查期间发现的公职人员涉嫌职务违法、职务犯罪问题线索，应当及时移交纪检监察机关。

第五十条 本规定对垄断协议调查、处罚程序未作规定的，依照《市场监督管理行政处罚程序规定》执行，有关时限、立案、案件管辖的规定除外。

反垄断执法机构组织行政处罚听证的，依照《市场监督管理行政处罚听证办法》执行。

《禁止滥用市场支配地位行为规定》

第二十四条 反垄断执法机构依据职权,或者通过举报、上级机关交办、其他机关移送、下级机关报告、经营者主动报告等途径,发现涉嫌滥用市场支配地位行为。

第二十五条 举报采用书面形式并提供相关事实和证据的,反垄断执法机构应当进行必要的调查。书面举报一般包括下列内容:

(一)举报人的基本情况;

(二)被举报人的基本情况;

(三)涉嫌滥用市场支配地位行为的相关事实和证据;

(四)是否就同一事实已向其他行政机关举报或者向人民法院提起诉讼。

反垄断执法机构根据工作需要,可以要求举报人补充举报材料。

对于采用书面形式的实名举报,反垄断执法机构在案件调查处理完毕后,可以根据举报人的书面请求依法向其反馈举报处理结果。

第二十六条 反垄断执法机构经过对涉嫌滥用市场支配地位行为的必要调查,符合下列条件的,应当立案:

（一）有证据初步证明存在滥用市场支配地位行为；

（二）属于本部门查处范围；

（三）在给予行政处罚的法定期限内。

省级市场监管部门应当自立案之日起七个工作日内向市场监管总局备案。

第二十七条 市场监管总局在查处滥用市场支配地位行为时，可以委托省级市场监管部门进行调查。

省级市场监管部门在查处滥用市场支配地位行为时，可以委托下级市场监管部门进行调查。

受委托的市场监管部门在委托范围内，以委托机关的名义实施调查，不得再委托其他行政机关、组织或者个人进行调查。

第二十八条 省级市场监管部门查处滥用市场支配地位行为时，可以根据需要商请相关省级市场监管部门协助调查，相关省级市场监管部门应当予以协助。

第二十九条 反垄断执法机构对滥用市场支配地位行为进行行政处罚的，应当在作出行政处罚决定之前，书面告知当事人拟作出的行政处罚内容及事实、理由、依据，并告知当事人依法享有的陈述权、申辩权和要求听证的权利。

第三十条 反垄断执法机构在告知当事人拟作出的行政处罚决定后，应当充分听取当事人的意见，对当事人提出的事实、理由和证据进行复核。

第三十一条 反垄断执法机构对滥用市场支配地位行为作出行政处罚决定，应当依法制作行政处罚决定书，并加盖本部门印章。

行政处罚决定书的内容包括：

（一）当事人的姓名或者名称、地址等基本情况；

（二）案件来源及调查经过；

（三）违反法律、法规、规章的事实和证据；

（四）当事人陈述、申辩的采纳情况及理由；

（五）行政处罚的内容和依据；

（六）行政处罚的履行方式和期限；

（七）申请行政复议、提起行政诉讼的途径和期限；

（八）作出行政处罚决定的反垄断执法机构的名称和作出决定的日期。

第三十二条 涉嫌滥用市场支配地位的经营者在被调查期间，可以提出中止调查申请，承诺在反垄断执法机构认可的期限内采取具体措施消除行为影响。

中止调查申请应当以书面形式提出，并由经营者负责人签字并盖章。申请书应当载明下列事项：

（一）涉嫌滥用市场支配地位行为的事实；

（二）承诺采取消除行为后果的具体措施；

（三）履行承诺的时限；

（四）需要承诺的其他内容。

第三十三条 反垄断执法机构根据被调查经营者的中止调查申请，在考虑行为的性质、持续时间、后果、社会影响、经营者承诺的措施及其预期效果等具体情况后，决定是否中止调查。

反垄断执法机构对涉嫌滥用市场支配地位行为调查核实后，认为构成滥用市场支配地位行为的，不得中止调查，应当依法作出处理决定。

第三十四条 反垄断执法机构决定中止调查的，应当制作中止调查决定书。

中止调查决定书应当载明被调查经营者涉嫌滥用市场支配地位行为的事实、承诺的具体内容、消除影响的具体措施、履行承诺的时限以及未履行或者未完全履行承诺的法律后果等内容。

第三十五条 决定中止调查的，反垄断执法机构应当对经营者履行承诺的情况进行监督。

经营者应当在规定的时限内向反垄断执法机构书面报告承诺履行情况。

第三十六条 反垄断执法机构确定经营者已经履行承诺的，可以决定终止调查，并制作终止调查决定书。

终止调查决定书应当载明被调查经营者涉嫌滥用市场支配地位行为的事实、作出中止调查决定的情况、承诺的具体内容、履行承诺的情况、监督情况等内容。

有下列情形之一的，反垄断执法机构应当恢复调查：

（一）经营者未履行或者未完全履行承诺的；

（二）作出中止调查决定所依据的事实发生重大变化的；

（三）中止调查决定是基于经营者提供的不完整或者不真实的信息作出的。

第三十七条 经营者涉嫌违反本规定的，反垄断执法机构可以对其法定代表人或者负责人进行约谈。

约谈应当指出经营者涉嫌滥用市场支配地位的问题，听取情况说明，开展提醒谈话，并可以要求其提出改进措施，消除行为危害后果。

经营者应当按照反垄断执法机构要求进行改进，提出消除行为危害后果的具体措施、履行时限等，并提交书面报告。

第三十八条 省级市场监管部门作出不予行政处罚决定、中止调查决定、恢复调查决定、终止调查决定或者行政处罚告知前，应当向市场监管总局报告，接受市场监管总局的指导和监督。

省级市场监管部门向被调查经营者送达不予行政处罚决定书、中止调查决定书、恢复调查决定书、终止调查决定书或者行政处罚决定书后,应当在七个工作日内向市场监管总局备案。

第三十九条 反垄断执法机构作出行政处理决定后,依法向社会公布。行政处罚信息应当依法通过国家企业信用信息公示系统向社会公示。

第四十条 市场监管总局应当加强对省级市场监管部门查处滥用市场支配地位行为的指导和监督,统一执法程序和标准。

省级市场监管部门应当严格按照市场监管总局相关规定查处滥用市场支配地位行为。

第四十一条 经营者滥用市场支配地位的,由反垄断执法机构责令停止违法行为,没收违法所得,并处上一年度销售额百分之一以上百分之十以下的罚款。

反垄断执法机构确定具体罚款数额时,应当考虑违法行为的性质、程度、持续时间和消除违法行为后果的情况等因素。

违反本规定,情节特别严重、影响特别恶劣、造成特别严重后果的,市场监管总局可以在第一款规定的罚款数额的二倍以上五倍以下确定具体罚款数额。

经营者因行政机关和法律、法规授权的具有管理公共事务职能的组织滥用行政权力而滥用市场支配地位的,按照第一款规定处理。经营者能够证明其受行政机关和法律、法规授权的具有管理公共事务职能的组织滥用行政权力强制或者变相强制滥用市场支配地位的,可以依法从轻或者减轻处罚。

第四十二条 反垄断执法机构工作人员滥用职权、玩忽职守、徇私舞弊或者泄露执法过程中知悉的商业秘密、个人隐私和个人信息的,依照有关规定处理。

第四十三条 反垄断执法机构在调查期间发现的公职人员涉嫌职务违法、职务犯罪问题线索,应当及时移交纪检监察机关。

第四十四条 本规定对滥用市场支配地位行为调查、处罚程序未作规定的,依照《市场监督管理行政处罚程序规定》执行,有关时限、立案、案件管辖的规定除外。

反垄断执法机构组织行政处罚听证的,依照《市场监督管理行政处罚听证办法》执行。

第二节 经营者承诺制度

《国务院反垄断委员会垄断案件经营者承诺指南》[①]

第一条 指南的目的和依据

为了指导在垄断案件调查过程中适用经营者承诺及中止调

[①] 2019年1月4日发布。

查、终止调查程序（以下统称"经营者承诺制度"），提高反垄断执法工作透明度，根据《中华人民共和国反垄断法》（下称《反垄断法》），制定本指南。

在垄断案件调查中，依据《反垄断法》第四十五条的规定，被调查的经营者可以提出承诺，采取具体措施消除其行为后果，国务院反垄断执法机构（下称执法机构）可以接受经营者的承诺，决定中止调查和终止调查。这有助于提高反垄断执法效率，节约行政执法资源，同时也能够有效实现保护市场公平竞争、维护消费者利益和社会公共利益的目标。

第二条 经营者承诺制度的适用范围

对于具有竞争关系的经营者之间固定或者变更商品价格、限制商品生产或者销售数量、分割销售市场或者原材料采购市场的横向垄断协议案件，执法机构不应接受经营者提出承诺，实施中止调查。

对于其他垄断案件，经营者主动提出承诺，执法机构可以决定中止调查及终止调查程序。

第三条 中止调查及终止调查决定的法律后果

执法机构的中止调查及终止调查决定，不是对经营者的行为是否构成垄断行为作出认定。执法机构仍然可以依法对其他类似行为实施调查并作出行政处罚。中止调查及终止调查决定也不应作为认定该行为是否构成垄断行为的相关证据。

第四条 经营者提出与撤回承诺

执法机构对涉嫌垄断行为调查核实后，认为构成垄断行为的，应当依法作出处理决定，不再接受经营者提出承诺。

鼓励经营者在执法机构采取《反垄断法》第三十九条所规定的任何措施后、作出行政处罚事先告知前提出承诺；经营者在行政处罚事先告知后提出承诺的，执法机构一般不再接受。

执法机构作出中止调查决定前，经营者可以撤回承诺。经营者撤回承诺的，执法机构将终止对经营者承诺的审查，继续对该涉嫌垄断行为进行调查，并不再接受经营者提出承诺。

第五条 经营者提出承诺前与执法机构的沟通

执法机构鼓励经营者在尽可能早的阶段提出承诺。经营者提出承诺前，可以与执法机构进行必要的沟通。

执法机构可以告知经营者涉嫌垄断行为的基本事实以及可能造成的影响，并可以与经营者进行沟通。在沟通基础上，由经营者自愿提出承诺。

第六条 经营者承诺的提出

经营者应以书面形式提出承诺。承诺通常载明下列事项：

（一）被调查的涉嫌垄断行为及可能造成的影响；

（二）承诺采取消除行为后果的具体措施；

（三）承诺采取的具体措施能够消除行为后果的说明；

（四）履行承诺的时间安排及方式；

（五）需要承诺的其他内容。

执法机构在收到经营者承诺后，向经营者出具书面回执，明确收到承诺的时间及材料清单。

第七条 经营者的承诺措施

经营者承诺的措施可以是结构性措施、行为性措施和综合性措施。承诺的措施需要明确、可行且可以自主实施。如果承诺的措施需经第三方同意方可实施，经营者需要提交第三方同意的书面意见。

前款所指的行为性措施包括调整定价策略、取消或者更改各类交易限制措施、开放网络或者平台等基础设施，许可专利、技术秘密或者其他知识产权等；结构性措施包括剥离有形资产、知识产权等无形资产或者相关权益等。

第八条 经营者与执法机构的沟通

经营者与执法机构可以就承诺内容进行沟通，包括案件事实的具体表述、承诺的措施能否有效消除涉嫌垄断行为的后果以及是否限于解决执法机构所关注的竞争问题等。

在沟通过程中，经执法机构和经营者一致同意，可以共同邀请第三方经营者、行业主管部门、行业协会、专家学者等共同参加讨论。

第九条 承诺措施公开征求意见与修改

执法机构认为经营者的涉嫌垄断行为已经影响到其他不特

定多数的经营者、消费者的合法权益或者社会公共利益,可以就经营者承诺的措施向社会公开征求意见。征求意见的时间一般不少于30日。

对社会公众等各方提出的意见,执法机构认为需要采纳的,可以建议经营者对承诺的措施进行修改或者重新提出承诺措施。经营者不愿意对承诺的措施进行修改并且无法给出合理解释或者提出可行替代方案的,执法机构可以终止经营者承诺的审查与沟通程序,继续对涉嫌垄断行为进行调查。

如果修改后承诺的措施在性质或者范围上发生了重大改变,执法机构可以再次向社会公开征求意见。

第十条 经营者履行承诺措施的期限

经营者履行承诺措施的期限,由执法机构根据具体案情决定。

经营者在履行期限前已经完全履行承诺或者由于市场竞争状况发生重大变化已经没有必要继续履行承诺的,经营者可以申请提前终止调查。

第十一条 对承诺措施的分析审查

执法机构在对经营者的承诺进行审查时,可以综合考虑以下因素:

(一)经营者实施涉嫌垄断行为的主观态度;

(二)经营者实施涉嫌垄断行为的性质、持续时间、后果及社会影响；

（三）经营者承诺的措施及其预期效果。

第十二条 中止调查决定

执法机构决定中止调查的，应当制作中止调查决定书，载明下列内容：

（一）涉嫌垄断行为的事实及对竞争产生或者可能产生的影响；

（二）经营者承诺的消除行为后果的措施；

（三）经营者履行承诺的期限及方式；

（四）经营者在规定的时限内向执法机构报告承诺履行情况的义务；

（五）对经营者履行承诺的监督措施；

（六）不履行或者不完全履行承诺的法律后果等。

第十三条 经营者承诺履行情况的报告与监督

经营者按照中止调查决定书的要求，向执法机构书面报告承诺的履行情况。

执法机构应当对经营者履行承诺的情况进行监督。

第十四条 经营者承诺措施的变更

经营者在履行承诺的过程中，因自身经营状况或者市场竞争状况等发生重大变化，可以向执法机构申请变更承诺的措施。

执法机构将对经营者变更申请进行审查,并将是否同意经营者变更承诺措施的结果书面告知经营者。

执法机构认为经营者对承诺措施的变更可能影响到其他不特定多数的经营者、消费者的合法权益或者社会公共利益,可以就经营者变更的承诺措施向社会公开征求意见。

第十五条 终止调查决定

经营者履行承诺的,执法机构可以决定终止调查,并制作终止调查决定书。

终止调查决定书需要载明下列内容:

(一)执法机构调查的经营者涉嫌垄断行为;

(二)经营者承诺的消除行为后果的措施;

(三)经营者履行承诺的情况;

(四)对经营者履行承诺的监督情况;

(五)终止涉嫌垄断行为的调查决定。

第十六条 中止调查、终止调查决定的公布

执法机构应当将中止调查决定、终止调查决定及时向社会公布。

第十七条 恢复调查决定

如果出现《反垄断法》第四十五条第三款所规定的情形,执法机构应当恢复对涉嫌垄断行为的调查。

行业主管部门、消费者或者其他经营者认为符合上述情形

的，可以向执法机构提出恢复调查的建议，由执法机构审查后决定是否恢复调查。

第十八条 恢复调查后的中止调查和处罚

执法机构恢复调查后，不再接受经营者提出承诺。但是，依据《反垄断法》第四十五条第三款第（二）项恢复调查的，执法机构可以基于新的事实接受经营者提出承诺。

第三节 横向垄断协议案件宽大制度

《国务院反垄断委员会横向垄断协议案件宽大制度适用指南》[①]

第一条 指南的目的和依据

根据《中华人民共和国反垄断法》（下称《反垄断法》）第四十六条第二款规定，经营者主动向国务院反垄断执法机构（下称执法机构）报告达成垄断协议的有关情况并提供重要证据，执法机构可以酌情减轻或者免除对该经营者的处罚（下称宽大制度）。为指导在横向垄断协议案件中适用上述规定，提高执法机构工作的透明度，便于经营者申请宽大，根据《反垄

---

① 2019年1月4日发布。

断法》，制定本指南。

第二条　宽大制度的意义

横向垄断协议通常具有严重排除、限制竞争的效果，同时具有高度隐秘性，且经营者之间相对稳定，如果相关经营者能够主动配合，将极大降低执法机构发现横向垄断协议并展开调查的难度。因此，执法机构认为，对于愿意主动报告横向垄断协议并提供重要证据，同时停止涉嫌违法行为并配合执法机构调查的经营者，执法机构相应地对其减轻或者免除处罚，有助于提高执法机构发现并查处垄断协议行为的效率，节约行政执法成本，维护消费者的利益。同时，执法机构也认为，给予经营者宽大的额度应当与经营者协助执法机构查处横向垄断协议案件的贡献程度相匹配。

第三条　指南的适用范围

本指南仅适用于横向垄断协议案件。

横向垄断协议是指《反垄断法》第十三条第一款所规定的具有竞争关系的经营者达成的垄断协议。本指南下文中所指的垄断协议均指横向垄断协议。

第四条　经营者申请宽大的时间

参与垄断协议的经营者可以在执法机构立案前或者依据《反垄断法》启动调查程序前，也可以在执法机构立案后或者依据《反垄断法》启动调查程序后、作出行政处罚事先告知前，向执法机构申请宽大。

第五条 经营者与执法机构的事先沟通

执法机构鼓励经营者尽可能早地报告垄断协议有关情况。经营者申请宽大前，可以匿名或者实名通过口头或者书面方式与执法机构进行沟通。

第六条 经营者申请免除处罚应提交的材料

第一个向执法机构提交垄断协议有关情况的报告及重要证据的经营者，可以申请免除处罚。

报告应当明确承认经营者从事了涉嫌违反《反垄断法》的垄断协议行为，详细说明达成和实施垄断协议的具体情况。报告需要包括以下信息：（一）垄断协议的参与者基本信息（包括但不限于名称、地址、联系方式及参与代表等）；（二）垄断协议的情况（包括但不限于联络的时间、地点、内容以及具体参与人员）；（三）垄断协议主要内容（包括但不限于涉及的商品或者服务、价格、数量等）及经营者达成和实施垄断协议情况；（四）影响的地域范围和市场规模；（五）实施垄断协议的持续时间；（六）证据材料的说明；（七）是否向其他境外执法机构申请宽大；（八）其他有关文件、材料。

经营者提供的重要证据是指：（一）执法机构尚未掌握案件线索或者证据的，足以使执法机构立案或者依据《反垄断法》启动调查程序的证据；（二）执法机构立案后或者依据

《反垄断法》启动调查程序后，经营者提供的证据是执法机构尚未掌握的，并且能够认定构成《反垄断法》第十三条规定的垄断协议的。

第七条 经营者申请免除处罚的登记

第一个申请免除处罚的经营者向执法机构提交本指南第六条关于垄断协议的报告及重要证据的，执法机构向经营者出具书面回执，明确收到的时间及材料清单。

第一个申请免除处罚的经营者向执法机构提交的报告不符合本指南第六条第二款要求的，执法机构将不出具书面回执。

第一个申请免除处罚的经营者向执法机构提交的报告符合本指南第六条第二款要求，但未提供证据或者证据不全的，执法机构可以进行登记，将出具本条第一款的书面回执，并要求经营者在规定的期限内补充相关证据。该期限一般最长不超过30日，特殊情况下可以延长至60日。如果经营者在执法机构要求的期限内补充提交相关证据，执法机构将以其收到报告的时间为申请宽大时间；经营者未在期限内按要求补充提交相关证据的，执法机构将取消其登记资格。

第一个申请免除处罚的经营者被取消登记资格后，在没有其他经营者申请宽大情况下，仍然可以完善相关证据，按照本条第一款规定向执法机构申请免除处罚；若其再次申请免除处罚前，已有其他经营者申请宽大的，被取消登记资格的经营者可以申请减轻处罚。

除前款规定的情形外，申请免除处罚的经营者被取消登记资格的，第一个已申请减轻处罚的经营者自动调整为免除处罚的申请者。

第八条 经营者申请减轻处罚应提交的证据

第一个之后提交垄断协议有关情况的报告及重要证据的经营者，可以向执法机构申请减轻处罚。执法机构向经营者出具书面回执，明确收到的时间及材料清单。

报告需要包括垄断协议的参与者、涉及的产品或者服务、达成和实施的时间、地域等。

经营者提供的重要证据，是执法机构尚未掌握的，并对最终认定垄断协议行为具有显著证明效力的证据，包括：（一）在垄断协议的达成方式和实施行为方面具有更大证明力或者补充证明价值的证据；（二）在垄断协议的内容、达成和实施的时间、涉及的产品或者服务范畴、参与成员等方面具有补充证明价值的证据；（三）其他能够证明和固定垄断协议证明力的证据。

第九条 经营者申请宽大的形式

经营者申请宽大的报告可以是口头或者书面形式。以口头形式报告的，将在执法机构办公场所进行录音、书面记录并由经营者授权的报告人签名确认；书面形式包括通过电子邮件、传真或者书面纸质材料等,但经营者需要签名、盖章或者以其他方式确认。

第十条 经营者获得宽大需要满足的其他条件

经营者申请宽大应按照本指南要求提交报告、证据,并且全部满足下列条件,可以获得宽大:

(一)申请宽大后立即停止涉嫌违法行为,但执法机构为保证调查工作顺利进行而要求经营者继续实施上述行为的情况除外。经营者已经向境外执法机构申请宽大,并被要求继续实施上述行为的,应当向执法机构报告;

(二)迅速、持续、全面、真诚地配合执法机构的调查工作;

(三)妥善保存并提供证据和信息,不得隐匿、销毁、转移证据或者提供虚假材料、信息;

(四)未经执法机构同意不得对外披露向执法机构申请宽大的情况;

(五)不得有其他影响反垄断执法调查的行为。

经营者组织、胁迫其他经营者参与达成、实施垄断协议或者妨碍其他经营者停止该违法行为的,执法机构不对其免除处罚,但可以相应给予减轻处罚。

第十一条 经营者申请宽大顺位的确定

执法机构按照经营者申请宽大的时间先后为经营者排序,

确定经营者申请宽大的顺位。

经营者未履行本指南第十条第一款所列义务的，执法机构将取消其顺位。申请免除处罚的经营者顺位被取消的，不得递补；申请减轻处罚的经营者顺位被取消后，其后顺位的经营者可以依次向前递补。

第十二条 执法机构的审理审查

执法机构调查认定垄断协议行为成立的，将根据经营者违法行为的情节轻重确定对经营者的处罚金额，并根据经营者申请宽大的顺位及本指南第十条情形作出是否给予经营者宽大以及处罚减免幅度。

一般情况下，执法机构在同一垄断协议案件中最多给予三个经营者宽大。如果案件重大复杂、涉及经营者众多，并且申请宽大的经营者确实提供了不同的重要证据，执法机构可以考虑给予更多的经营者宽大。

执法机构不予宽大的，不以经营者提交的材料作为认定经营者从事垄断协议行为的证据。

第十三条 执法机构免除、减轻经营者的罚款

对于第一顺位的经营者，执法机构可以对经营者免除全部罚款或者按照不低于80%的幅度减轻罚款。在执法机构立案前或者依据《反垄断法》启动调查程序前申请宽大并确定为第一顺位的经营者，执法机构将免除全部罚款，存在本指南第十条

第二款情形的除外。

对于第二顺位的经营者，执法机构可以按照30%至50%的幅度减轻罚款；对于第三顺位的经营者，可以按照20%至30%的幅度减轻罚款；对于后序顺位的经营者，可以按照不高于20%的幅度减轻罚款。

本指南所称罚款是指，将申请罚款减免以外的所有情节综合考虑后确定对经营者作出的罚款金额。

第十四条 执法机构减免没收经营者的违法所得

为鼓励经营者主动报告垄断协议行为并提供重要证据，执法机构在减免罚款的同时可以考虑参考本指南第十三条处理经营者的违法所得。

第十五条 执法机构决定的公开

执法机构决定给予经营者宽大的，应当在决定中写明给予经营者宽大的结果和理由，并依法将决定及时向社会公布。

第十六条 执法机构的保密义务

对经营者依据本指南申请宽大所提交的报告、形成的文书等材料，未经经营者同意不得对外公开，任何单位、个人均无权查阅。

第三编

公平竞争审查

反不正当竞争与反垄断执法
简明实用手册

审查标准

- 不得含有下列限制或者变相限制市场准入和退出的内容：
  (1) 对市场准入负面清单以外的行业、领域、业务等违法设置审批程序；
  (2) 违法设置或者授予特许经营权；
  (3) 限定经营、购买或者使用特定经营者提供的商品或者服务（以下统称商品）；
  (4) 设置不合理或者歧视性的准入、退出条件；
  (5) 其他限制或者变相限制市场准入和退出的内容。

- 不得含有下列限制商品、要素自由流动的内容：
  (1) 限制外地或者进口商品、要素进入本地市场，或者阻碍本地经营者迁出、要素输出；
  (2) 排斥、限制、强制或者变相强制外地经营者在本地投资经营或者设立分支机构；
  (3) 排斥、限制或者变相限制外地经营者参加本地政府采购、招标投标；
  (4) 对外地或者进口商品、要素设置歧视性收费项目、收费标准、价格或者补贴；
  (5) 在资质标准、监管执法等方面对外地经营者在本地投资经营设置歧视性要求；
  (6) 其他限制商品、要素自由流动的内容。

- 没有法律、行政法规依据或者未经国务院批准，不得含有下列影响生产经营成本的内容：
  (1) 给予特定经营者税收优惠；
  (2) 给予特定经营者选择性、差异化的财政奖励或者补贴；
  (3) 给予特定经营者要素获取、行政事业性收费、政府性基金、社会保险费等方面的优惠；
  (4) 其他影响生产经营成本的内容。

- 不得含有下列影响生产经营行为的内容：
  (1) 强制或者变相强制经营者实施垄断行为，或者为经营者实施垄断行为提供便利条件；
  (2) 超越法定权限制定政府指导价、政府定价，为特定经营者提供优惠价格；
  (3) 违法干预实行市场调节价的商品、要素的价格水平；
  (4) 其他影响生产经营行为的内容。

- 具有或者可能具有排除、限制竞争效果，但符合下列情形之一，且没有对公平竞争影响更小的替代方案，并能够确定合理的实施期限或者终止条件的，可以出台：
  (1) 为维护国家安全和发展利益的；
  (2) 为促进科学技术进步、增强国家自主创新能力的；
  (3) 为实现节约能源、保护环境、救灾救助等社会公共利益的；
  (4) 法律、行政法规规定的其他情形。

审查机制

- 拟由部门出台的政策措施,由起草单位在起草阶段开展公平竞争审查。拟由多个部门联合出台的政策措施,由牵头起草单位在起草阶段开展公平竞争审查。
- 拟由县级以上人民政府出台或者提请本级人民代表大会及其常务委员会审议的政策措施,由本级人民政府市场监督管理部门会同起草单位在起草阶段开展公平竞争审查。起草单位应当开展初审,并将政策措施草案和初审意见送市场监督管理部门审查。
- 开展公平竞争审查,应当听取有关经营者、行业协会商会等利害关系人关于公平竞争影响的意见。涉及社会公众利益的,应当听取社会公众意见。
- 开展公平竞争审查,应当按照本条例规定的审查标准,在评估对公平竞争影响后,作出审查结论。
- 政策措施未经公平竞争审查,或者经公平竞争审查认为不符合《公平竞争审查条例》规定的情形的,不得出台。

监督保障

- 市场监督管理部门开展公平竞争审查抽查。
- 任何单位和个人可以举报,市场监督管理部门接到举报后,应当及时处理或者转送有关部门处理。
- 国务院定期开展督查。

《反不正当竞争法》

第三条 反不正当竞争工作坚持中国共产党的领导。

国家健全完善反不正当竞争规则制度,加强反不正当竞争执法司法,维护市场竞争秩序,健全统一、开放、竞争、有序的市场体系。

国家建立健全公平竞争审查制度,依法加强公平竞争审查工作,保障各类经营者依法平等使用生产要素、公平参与市场竞争。

《反垄断法》

第五条 国家建立健全公平竞争审查制度。

行政机关和法律、法规授权的具有管理公共事务职能的组织在制定涉及市场主体经济活动的规定时,应当进行公平竞争审查。

《公平竞争审查条例》[①]

第二条 起草涉及经营者经济活动的法律、行政法规、地方

---

① 2024年5月11日国务院第32次常务会议通过,2024年6月6日中华人民共和国国务院令第783号公布,自2024年8月1日起施行。

性法规、规章、规范性文件以及具体政策措施（以下统称政策措施），行政机关和法律、法规授权的具有管理公共事务职能的组织（以下统称起草单位）应当依照本条例规定开展公平竞争审查。

《公平竞争审查条例实施办法》[①]

第二条 行政机关和法律、法规授权的具有管理公共事务职能的组织（以下统称起草单位）起草涉及经营者经济活动的政策措施，应当依法开展公平竞争审查。

前款所称涉及经营者经济活动的政策措施，包括市场准入和退出、产业发展、招商引资、政府采购、招标投标、资质标准、监管执法等方面涉及经营者依法平等使用生产要素、公平参与市场竞争的法律、行政法规、地方性法规、规章、规范性文件以及具体政策措施。

前款所称具体政策措施，是指除法律、行政法规、地方性法规、规章、规范性文件外其他涉及经营者经济活动的政策措施，包括政策性文件、标准、技术规范、与经营者签订的行政协议以及备忘录等。

---

① 2025年2月28日国家市场监督管理总局令第99号公布，自2025年4月20日起施行。

第一章 审查标准

第一节 关于限制市场准入和退出的审查标准

> 《公平竞争审查条例》
>
> 第八条 起草单位起草的政策措施，不得含有下列限制或者变相限制市场准入和退出的内容：
> （一）对市场准入负面清单以外的行业、领域、业务等违法设置审批程序；
> （二）违法设置或者授予特许经营权；
> （三）限定经营、购买或者使用特定经营者提供的商品或者服务（以下统称商品）；
> （四）设置不合理或者歧视性的准入、退出条件；
> （五）其他限制或者变相限制市场准入和退出的内容。

> 《公平竞争审查条例实施办法》
>
> 第九条 起草涉及经营者经济活动的政策措施，不得含有下列对市场准入负面清单以外的行业、领域、业务等违法设置

市场准入审批程序的内容：

（一）在全国统一的市场准入负面清单之外违规制定市场准入性质的负面清单；

（二）在全国统一的市场准入负面清单之外违规设立准入许可，或者以备案、证明、目录、计划、规划、认证等方式，要求经营主体经申请获批后方可从事投资经营活动；

（三）违法增加市场准入审批环节和程序，或者设置具有行政审批性质的前置备案程序；

（四）违规增设市场禁入措施，或者限制经营主体资质、所有制形式、股权比例、经营范围、经营业态、商业模式等方面的市场准入许可管理措施；

（五）违规采取临时性市场准入管理措施；

（六）其他对市场准入负面清单以外的行业、领域、业务等违法设置审批程序的内容。

第十条 起草涉及经营者经济活动的政策措施，不得含有下列违法设置或者授予政府特许经营权的内容：

（一）没有法律、行政法规依据或者未经国务院批准，设置特许经营权或者以特许经营名义增设行政许可事项；

（二）未通过招标、谈判等公平竞争方式选择政府特许经营者；

（三）违法约定或者未经法定程序变更特许经营期限；

（四）其他违法设置或者授予政府特许经营权的内容。

第十一条 起草涉及经营者经济活动的政策措施，不得含有下列限定经营、购买或者使用特定经营者提供的商品或者服务（以下统称商品）的内容：

（一）以明确要求、暗示等方式，限定或者变相限定经营、购买、使用特定经营者提供的商品；

（二）通过限定经营者所有制形式、注册地、组织形式，或者设定其他不合理条件，限定或者变相限定经营、购买、使用特定经营者提供的商品；

（三）通过设置不合理的项目库、名录库、备选库、资格库等方式，限定或者变相限定经营、购买、使用特定经营者提供的商品；

（四）通过实施奖励性或者惩罚性措施，限定或者变相限定经营、购买、使用特定经营者提供的商品；

（五）其他限定经营、购买或者使用特定经营者提供的商品的内容。

第十二条 起草涉及经营者经济活动的政策措施，不得含有下列设置不合理或者歧视性的准入、退出条件的内容：

（一）设置明显不必要或者超出实际需要的准入条件；

（二）根据经营者所有制形式、注册地、组织形式、规模等设置歧视性的市场准入、退出条件；

（三）在经营者注销、破产、挂牌转让等方面违法设置市场退出障碍；

（四）其他设置不合理或者歧视性的准入、退出条件的内容。

第二节　关于限制商品、要素自由流动的审查标准

《公平竞争审查条例》

第九条　起草单位起草的政策措施，不得含有下列限制商品、要素自由流动的内容：

（一）限制外地或者进口商品、要素进入本地市场，或者阻碍本地经营者迁出，商品、要素输出；

（二）排斥、限制、强制或者变相强制外地经营者在本地投资经营或者设立分支机构；

（三）排斥、限制或者变相限制外地经营者参加本地政府采购、招标投标；

（四）对外地或者进口商品、要素设置歧视性收费项目、收费标准、价格或者补贴；

（五）在资质标准、监管执法等方面对外地经营者在本地

投资经营设置歧视性要求；

（六）其他限制商品、要素自由流动的内容。

《公平竞争审查条例实施办法》

第十三条 起草涉及经营者经济活动的政策措施，不得含有下列限制外地或者进口商品、要素进入本地市场，或者阻碍本地经营者迁出，商品、要素输出的内容：

（一）对外地或者进口商品规定与本地同类商品不同的技术要求、检验标准，更多的检验频次等歧视性措施，或者要求重复检验、重复认证；

（二）通过设置关卡或者其他手段，阻碍外地和进口商品、要素进入本地市场或者本地商品、要素对外输出；

（三）违法设置审批程序或者其他不合理条件妨碍经营者变更注册地址、减少注册资本，或者对经营者在本地经营年限提出要求；

（四）其他限制外地或者进口商品、要素进入本地市场，或者阻碍本地经营者迁出，商品、要素输出的内容。

第十四条 起草涉及经营者经济活动的政策措施，不得含有下列排斥、限制、强制或者变相强制外地经营者在本地投资经营或者设立分支机构的内容：

（一）强制、拒绝或者阻碍外地经营者在本地投资经营或者设立分支机构；

（二）对外地经营者在本地投资的规模、方式、产值、税收，以及设立分支机构的商业模式、组织形式等进行不合理限制或者提出不合理要求；

（三）将在本地投资或者设立分支机构作为参与本地政府采购、招标投标、开展生产经营的必要条件；

（四）其他排斥、限制、强制或者变相强制外地经营者在本地投资经营或者设立分支机构的内容。

第十五条 起草涉及经营者经济活动的政策措施，不得含有下列排斥、限制或者变相限制外地经营者参加本地政府采购、招标投标的内容：

（一）禁止外地经营者参与本地政府采购、招标投标活动；

（二）直接或者变相要求优先采购在本地登记注册的经营者提供的商品；

（三）将经营者取得业绩和奖项荣誉的区域、缴纳税收社保的区域、投标（响应）产品的产地、注册地址、与本地经营者组成联合体等作为投标（响应）条件、加分条件、中标（成交、入围）条件或者评标条款；

（四）将经营者在本地区业绩、成立年限、所获得的奖项荣誉、在本地缴纳税收社保等用于评价企业信用等级，或者根

据商品、要素产地等因素设置差异化信用得分,影响外地经营者参加本地政府采购、招标投标;

(五)根据经营者投标(响应)产品的产地设置差异性评审标准;

(六)设置不合理的公示时间、响应时间、要求现场报名或者现场购买采购文件、招标文件等,影响外地经营者参加本地政府采购、招标投标;

(七)其他排斥、限制或者变相限制外地经营者参加本地政府采购、招标投标的内容。

第十六条 起草涉及经营者经济活动的政策措施,不得含有下列对外地或者进口商品、要素设置歧视性收费项目、收费标准、价格或者补贴的内容:

(一)对外地或者进口商品、要素设置歧视性的收费项目或者收费标准;

(二)对外地或者进口商品、要素实行歧视性的价格;

(三)对外地或者进口商品、要素实行歧视性的补贴政策;

(四)其他对外地或者进口商品、要素设置歧视性收费项目、收费标准、价格或者补贴的内容。

第十七条 起草涉及经营者经济活动的政策措施,不得含有下列在资质标准、监管执法等方面对外地经营者在本地投资经营设置歧视性要求的内容:

（一）对外地经营者在本地投资经营规定歧视性的资质、标准等要求；

（二）对外地经营者实施歧视性的监管执法标准，增加执法检查项目或者提高执法检查频次等；

（三）在投资经营规模、方式和税费水平等方面对外地经营者规定歧视性要求；

（四）其他在资质标准、监管执法等方面对外地经营者在本地投资经营设置歧视性要求的内容。

第三节 关于影响生产经营成本的审查标准

《公平竞争审查条例》

第十条 起草单位起草的政策措施，没有法律、行政法规依据或者未经国务院批准，不得含有下列影响生产经营成本的内容：

（一）给予特定经营者税收优惠；

（二）给予特定经营者选择性、差异化的财政奖励或者补贴；

（三）给予特定经营者要素获取、行政事业性收费、政府性基金、社会保险费等方面的优惠；

（四）其他影响生产经营成本的内容。

《公平竞争审查条例实施办法》

第十八条 起草涉及经营者经济活动的政策措施，没有法律、行政法规依据或者未经国务院批准，不得含有下列给予特定经营者税收优惠的内容：

（一）减轻或者免除特定经营者的税收缴纳义务；

（二）通过违法转换经营者组织形式等方式，变相支持特定经营者少缴或者不缴税款；

（三）通过对特定产业园区实行核定征收等方式，变相支持特定经营者少缴或者不缴税款；

（四）其他没有法律、行政法规依据或者未经国务院批准，给予特定经营者税收优惠的内容。

第十九条 起草涉及经营者经济活动的政策措施，没有法律、行政法规依据或者未经国务院批准，不得含有下列给予特定经营者选择性、差异化的财政奖励或者补贴的内容：

（一）以直接确定受益经营者或者设置不明确、不合理入选条件的名录库、企业库等方式，实施财政奖励或者补贴；

（二）根据经营者的所有制形式、组织形式等实施财政奖励或者补贴；

（三）以外地经营者将注册地迁移至本地、在本地纳税、纳入本地统计等为条件，实施财政奖励或者补贴；

（四）采取列收列支或者违法违规采取先征后返、即征即退等形式，对特定经营者进行返还，或者给予特定经营者财政奖励或者补贴、减免自然资源有偿使用收入等优惠政策；

（五）其他没有法律、行政法规依据或者未经国务院批准，给予特定经营者选择性、差异化的财政奖励或者补贴的内容。

第二十条 起草涉及经营者经济活动的政策措施，没有法律、行政法规依据或者未经国务院批准，不得含有下列给予特定经营者要素获取、行政事业性收费、政府性基金、社会保险费等方面优惠的内容：

（一）以直接确定受益经营者，或者设置无客观明确条件的方式在要素获取方面给予优惠政策；

（二）减免、缓征或者停征行政事业性收费、政府性基金；

（三）减免或者缓征社会保险费用；

（四）其他没有法律、行政法规依据或者未经国务院批准给予特定经营者要素获取、行政事业性收费、政府性基金、社会保险费等方面优惠的内容。

第四节　关于影响生产经营行为的审查标准

《公平竞争审查条例》

第十一条　起草单位起草的政策措施，不得含有下列影响生产经营行为的内容：

（一）强制或者变相强制经营者实施垄断行为，或者为经营者实施垄断行为提供便利条件；

（二）超越法定权限制定政府指导价、政府定价，为特定经营者提供优惠价格；

（三）违法干预实行市场调节价的商品、要素的价格水平；

（四）其他影响生产经营行为的内容。

《公平竞争审查条例实施办法》

第二十一条　起草涉及经营者经济活动的政策措施，不得含有下列强制或者变相强制经营者实施垄断行为，或者为经营者实施垄断行为提供便利条件的内容：

（一）以行政命令、行政指导等方式，强制、组织或者引导经营者实施垄断行为；

（二）通过组织签订协议、备忘录等方式，强制或者变相强制经营者实施垄断行为；

（三）对实行市场调节价的商品、要素，违法公开披露或者要求经营者公开披露拟定价格、成本、生产销售数量、生产销售计划、经销商和终端客户信息等生产经营敏感信息；

（四）其他强制或者变相强制经营者实施垄断行为，或者为经营者实施垄断行为提供便利条件的内容。

第二十二条 起草涉及经营者经济活动的政策措施，不得含有下列超越法定权限制定政府指导价、政府定价，为特定经营者提供优惠价格，影响生产经营行为的内容：

（一）对实行政府指导价的商品、要素进行政府定价，违法提供优惠价格；

（二）对不属于本级政府定价目录范围内的商品、要素制定政府指导价、政府定价，违法提供优惠价格；

（三）不执行政府指导价或者政府定价，违法提供优惠价格；

（四）其他超越法定权限制定政府指导价、政府定价，为特定经营者提供优惠价格，影响生产经营行为的内容。

第二十三条 起草涉及经营者经济活动的政策措施，不得含有下列违法干预实行市场调节价的商品、要素价格水平的内容：

（一）对实行市场调节价的商品、要素制定建议价，影响公平竞争；

（二）通过违法干预手续费、保费、折扣等方式干预实行市场调节价的商品、要素价格水平，影响公平竞争；

（三）其他违法干预实行市场调节价的商品、要素的价格水平的内容。

第五节　关于审查标准的其他规定

《公平竞争审查条例》

第十二条　起草单位起草的政策措施，具有或者可能具有排除、限制竞争效果，但符合下列情形之一，且没有对公平竞争影响更小的替代方案，并能够确定合理的实施期限或者终止条件的，可以出台：

（一）为维护国家安全和发展利益的；

（二）为促进科学技术进步、增强国家自主创新能力的；

（三）为实现节约能源、保护环境、救灾救助等社会公共利益的；

（四）法律、行政法规规定的其他情形。

《公平竞争审查条例实施办法》

第二十四条 起草涉及经营者经济活动的政策措施，不得含有其他限制或者变相限制市场准入和退出、限制商品要素自由流动、影响生产经营成本、影响生产经营行为等影响市场公平竞争的内容。

第二十五条 经公平竞争审查具有或者可能具有排除、限制竞争效果的政策措施，符合下列情形之一，且没有对公平竞争影响更小的替代方案，并能够确定合理的实施期限或者终止条件的，可以出台：

（一）为维护国家安全和发展利益的；

（二）为促进科学技术进步、增强国家自主创新能力的；

（三）为实现节约能源、保护环境、救灾救助等社会公共利益的；

（四）法律、行政法规规定或者经国务院批准的其他情形。

本条所称没有对公平竞争影响更小的替代方案，是指政策措施对实现有关政策目的确有必要，且对照审查标准评估竞争效果后，对公平竞争的不利影响范围最小、程度最轻的方案。

本条所称合理的实施期限应当是为实现政策目的所需的最短期限，终止条件应当明确、具体。在期限届满或者终止条件满足后，有关政策措施应当及时停止实施。

第二章 审查机制和审查程序

《公平竞争审查条例》

第十三条 拟由部门出台的政策措施,由起草单位在起草阶段开展公平竞争审查。

拟由多个部门联合出台的政策措施,由牵头起草单位在起草阶段开展公平竞争审查。

第十四条 拟由县级以上人民政府出台或者提请本级人民代表大会及其常务委员会审议的政策措施,由本级人民政府市场监督管理部门会同起草单位在起草阶段开展公平竞争审查。起草单位应当开展初审,并将政策措施草案和初审意见送市场监督管理部门审查。

第十五条 国家鼓励有条件的地区探索建立跨区域、跨部门的公平竞争审查工作机制。

第十六条 开展公平竞争审查,应当听取有关经营者、行业协会商会等利害关系人关于公平竞争影响的意见。涉及社会公众利益的,应当听取社会公众意见。

第十七条 开展公平竞争审查,应当按照本条例规定的审查标准,在评估对公平竞争影响后,作出审查结论。

适用本条例第十二条规定的，应当在审查结论中详细说明。

第十八条 政策措施未经公平竞争审查，或者经公平竞争审查认为违反本条例第八条至第十一条规定且不符合第十二条规定情形的，不得出台。

第十九条 有关部门和单位、个人对在公平竞争审查过程中知悉的国家秘密、商业秘密和个人隐私，应当依法予以保密。

《公平竞争审查条例实施办法》

第二十六条 起草单位在起草阶段对政策措施开展公平竞争审查，应当严格遵守公平竞争审查程序，准确适用公平竞争审查标准，科学评估公平竞争影响，依法客观作出公平竞争审查结论。

第二十七条 公平竞争审查应当在政策措施内容基本完备后开展。审查后政策措施内容发生重大变化的，应当重新开展公平竞争审查。

第二十八条 起草单位开展公平竞争审查，应当依法听取利害关系人关于公平竞争影响的意见。涉及社会公众利益的，应当通过政府部门网站、政务新媒体等便于社会公众知晓的方式听取社会公众意见。听取关于公平竞争影响的意见可以与其他征求意见程序一并进行。

对需要保密或者有正当理由需要限定知悉范围的政策措施，由起草单位按照相关法律法规规定处理，并在审查结论中说明有关情况。

本条所称利害关系人，包括参与相关市场竞争的经营者、上下游经营者、行业协会商会以及可能受政策措施影响的其他经营者。

第二十九条 起草单位应当在评估有关政策措施的公平竞争影响后，书面作出是否符合公平竞争审查标准的明确审查结论。

适用条例第十二条规定的，起草单位还应当在审查结论中说明下列内容：

（一）政策措施具有或者可能具有的排除、限制竞争效果；

（二）适用条例第十二条规定的具体情形；

（三）政策措施对公平竞争不利影响最小的理由；

（四）政策措施实施期限或者终止条件的合理性；

（五）其他需要说明的内容。

第三十条 拟由县级以上人民政府出台或者提请本级人民代表大会及其常务委员会审议的政策措施，由本级人民政府市场监督管理部门会同起草单位在起草阶段开展公平竞争审查。

本条所称拟由县级以上人民政府出台的政策措施，包括拟由县级以上人民政府及其办公厅（室）出台或者转发本级政府部门起草的政策措施。

本条所称提请本级人民代表大会及其常务委员会审议的政策措施，包括提请审议的法律、地方性法规草案等。

第三十一条 起草单位应当在向本级人民政府报送政策措施草案前，提请同级市场监督管理部门开展公平竞争审查，并提供下列材料：

（一）政策措施草案；

（二）政策措施起草说明；

（三）公平竞争审查初审意见；

（四）其他需要提供的材料。

起草单位提供的政策措施起草说明应当包含政策措施制定依据、听取公平竞争影响意见及采纳情况等内容。

起草单位应当严格依照条例和本办法规定的审查标准开展公平竞争审查，形成初审意见。

起草单位提供的材料不完备或者政策措施尚未按照条例要求征求有关方面意见的，市场监督管理部门可以要求在一定期限内补正；未及时补正的，予以退回处理。

第三十二条 起草单位不得以送市场监督管理部门会签、征求意见等代替公平竞争审查。

第三十三条 市场监督管理部门应当根据起草单位提供的材料对政策措施开展公平竞争审查,书面作出审查结论。

第三十四条 涉及经营者经济活动的政策措施未经公平竞争审查,或者经审查认为违反条例规定的,不得出台。

第三十五条 市场监督管理部门、起草单位可以根据职责,委托第三方机构,对政策措施可能产生的竞争影响、实施后的竞争效果和本地区公平竞争审查制度实施情况等开展评估,为决策提供参考。

第三十六条 有关部门和单位、个人在公平竞争审查过程中知悉的国家秘密、商业秘密和个人隐私,应当依法予以保密。

第三章　监督保障

> **《公平竞争审查条例》**
>
> **第二十条**　国务院市场监督管理部门强化公平竞争审查工作监督保障，建立健全公平竞争审查抽查、举报处理、督查等机制。
>
> **第二十一条**　市场监督管理部门建立健全公平竞争审查抽查机制，组织对有关政策措施开展抽查，经核查发现违反本条例规定的，应当督促起草单位进行整改。
>
> 市场监督管理部门应当向本级人民政府报告抽查情况，抽查结果可以向社会公开。
>
> **第二十二条**　对违反本条例规定的政策措施，任何单位和个人可以向市场监督管理部门举报。市场监督管理部门接到举报后，应当及时处理或者转送有关部门处理。
>
> 市场监督管理部门应当向社会公开受理举报的电话、信箱或者电子邮件地址。
>
> **第二十三条**　国务院定期对县级以上地方人民政府公平竞争审查工作机制建设情况、公平竞争审查工作开展情况、举报处理情况等开展督查。国务院市场监督管理部门负责具体

实施。

第二十四条 起草单位未依照本条例规定开展公平竞争审查，经市场监督管理部门督促，逾期仍未整改的，上一级市场监督管理部门可以对其负责人进行约谈。

第二十五条 未依照本条例规定开展公平竞争审查，造成严重不良影响的，对起草单位直接负责的主管人员和其他直接责任人员依法给予处分。

《公平竞争审查条例实施办法》

第三十七条 对违反条例规定的政策措施，任何单位和个人可以向市场监督管理部门举报。举报人应当对举报内容的真实性负责。起草单位及其工作人员应当依法保障举报人的合法权益。

各级市场监督管理部门负责处理对本级人民政府相关单位及下一级人民政府政策措施的举报；上级市场监督管理部门认为有必要的，可以直接处理属于下级市场监督管理部门职责范围的举报。

市场监督管理部门收到反映法律、行政法规、地方性法规涉嫌影响市场公平竞争的，应当依法依规移交有关单位处理。收到反映尚未出台的政策措施涉嫌违反条例规定的，可以转送起草单位处理。

第三十八条 市场监督管理部门收到举报材料后，应当及时审核举报材料是否属于反映涉嫌违反公平竞争审查制度的情形，以及举报材料是否完整、明确。

举报材料不完整、不明确的，市场监督管理部门可以要求举报人在七个工作日内补正。举报人逾期未补正或者补正后仍然无法判断举报材料指向的，市场监督管理部门不予核查。

有处理权限的市场监督管理部门应当自收到符合规定的举报材料之日起六十日内进行核查并作出核查结论。举报事项情况复杂的，经市场监督管理部门负责人批准，可以根据需要适当延长期限。

第三十九条 市场监督管理部门组织对有关政策措施开展抽查。

抽查可以在一定区域范围内进行，或者针对具体的行业、领域实施。对发现或者举报反映违反条例规定问题集中的地区或者行业、领域，市场监督管理部门应当开展重点抽查。

对实行垂直管理的单位及其派出机构起草的有关政策措施开展抽查，由实行垂直管理单位的同级或者上级人民政府市场监督管理部门负责。

市场监督管理部门应当向本级人民政府及上一级市场监督管理部门报告抽查情况，并可以向社会公开抽查结果。

第四十条 对通过举报处理、抽查等方式发现的涉嫌违反条例规定的政策措施，市场监督管理部门应当组织开展核查。核查认定有关政策措施违反条例规定的，市场监督管理部门应当督促有关起草单位进行整改。

各级地方市场监督管理部门在工作中发现实行垂直管理的单位派出机构涉嫌违反条例规定的，应当逐级报送实行垂直管理单位的同级或者上级人民政府市场监督管理部门核查。

第四十一条 国家市场监督管理总局应当按照条例有关规定实施公平竞争审查督查，并将督查情况报送国务院。对督查中发现的问题，督查对象应当按要求整改。

第四十二条 起草单位未按照条例规定开展公平竞争审查，经市场监督管理部门督促，逾期未整改或者整改不到位的，上一级市场监督管理部门可以对其负责人进行约谈，指出问题，听取意见，要求其提出整改措施。

市场监督管理部门可以将约谈情况通报起草单位的有关上级机关，也可以邀请有关上级机关共同实施约谈。

第四十三条 市场监督管理部门在公平竞争审查工作中发现存在行业、领域、区域性问题或者风险的，可以书面提醒敦促有关行业主管部门或者地方人民政府进行整改和预防。

第四十四条 市场监督管理部门在公平竞争审查工作中发现起草单位存在涉嫌滥用行政权力排除、限制竞争行为的，应当按照《中华人民共和国反垄断法》等有关规定，移交有管辖权的反垄断执法机构依法调查处理。

第四十五条 起草单位存在下列情形之一、造成严重不良影响的，市场监督管理部门可以向有权机关提出对直接负责的主管人员和其他直接责任人员依法给予处分的建议：

（一）违反公平竞争审查制度出台政策措施的；

（二）拒绝、阻碍市场监督管理部门依法开展公平竞争审查有关监督工作的；

（三）对公平竞争审查监督发现问题，经市场监督管理部门约谈后仍不整改的；

（四）其他违反公平竞争审查制度，造成严重不良影响的。

图书在版编目（CIP）数据

反不正当竞争与反垄断执法简明实用手册 /《反不正当竞争与反垄断执法简明实用手册》编写组编． 北京：中国法治出版社，2025.8． -- ISBN 978-7-5216-5491-2

Ⅰ.D922.294.4

中国国家版本馆 CIP 数据核字第 20252VU971 号

责任编辑：成知博　潘环环　　　　　　　　　　　封面设计：李　宁

反不正当竞争与反垄断执法简明实用手册
FANBUZHENGDANG JINGZHENG YU FANLONGDUAN ZHIFA JIANMING SHIYONG SHOUCE

编者 /《反不正当竞争与反垄断执法简明实用手册》编写组

经销 / 新华书店

印刷 / 保定市中画美凯印刷有限公司

开本 / 850毫米×1168毫米　24开　　　　　　　　印张 / 7　字数 / 127千

版次 / 2025年8月第1版　　　　　　　　　　　　2025年8月第1次印刷

中国法治出版社出版

书号 ISBN 978-7-5216-5491-2　　　　　　　　　　定价：25.00元

北京市西城区西便门西里甲16号西便门办公区

邮政编码：100053　　　　　　　　　　　　　　　传真：010-63141600

网址：http://www.zgfzs.com　　　　　　　　　　编辑部电话：010-63141809

市场营销部电话：010-63141612　　　　　　　　　印务部电话：010-63141606

（如有印装质量问题，请与本社印务部联系。）